江西财经大学信毅学术文库

会计师事务所人力资本特征、审计师声誉与审计质量研究

蒋 珩 著

中国财经出版传媒集团
中国财政经济出版社

图书在版编目（CIP）数据

会计师事务所人力资本特征、审计师声誉与审计质量研究 / 蒋珩著. -- 北京：中国财政经济出版社，2019.11

（江西财经大学信毅学术文库）

ISBN 978-7-5095-9161-1

Ⅰ.①会… Ⅱ.①蒋… Ⅲ.①会计师事务所－人力资本－研究－中国②会计师事务所－审计质量－研究－中国 Ⅳ.①F233.2

中国版本图书馆 CIP 数据核字（2019）第 177949 号

责任编辑：李　磊　　　　　责任印制：党　辉
封面设计：陈宇琰　　　　　责任校对：胡永立

中国财政经济出版社 出版

URL：http://www.cfeph.cn

E-mail：cfeph@cfemg.cn

（版权所有　翻印必究）

社址：北京市海淀区阜成路甲 28 号　邮政编码：100142

营销中心电话：010-88191537

北京财经印刷厂印装　各地新华书店经销

710×1000 毫米　16 开　10 印张　146 000 字

2019 年 11 月第 1 版　2019 年 11 月北京第 1 次印刷

定价：40.00 元

ISBN 978-7-5095-9161-1

（图书出现印装问题，本社负责调换）

本社质量投诉电话：010-88190744

打击盗版举报热线：010-88191661　QQ：2242791300

总　序

　　书籍是人类进步的阶梯。通过书籍出版，由语言文字所承载的人类智慧得到较为完好的保存，作者思想得到快速传播，这大大地方便了知识传承与人类学习交流活动。当前，国家和社会对知识创新的高度重视和巨大需求促成了中国学术出版事业的新一轮繁荣。学术能力已成为高校综合服务水平的重要体现，是高校价值追求和价值创造的关键衡量指标。

　　科学合理的学科专业、引领学术前沿的师资队伍、作为知识载体和传播媒介的优秀作品，是高校作为学术创新主体必备的三大要素。江西财经大学较为合理的学科结构和相对优秀的师资队伍，为学校学术发展与繁荣奠定了坚实的基础。近年来，学校教师教材、学术专著编撰和出版活动相当活跃。

　　为加强我校学术专著出版管理，锤炼教师学术科研能力，提高学术科研质量和教师整体科研水平，将师资、学科、学术等优势转化为人才培养优势，我校决定分批次出版高质量专著系列；并选取学校"信敏廉毅"校训精神的前尾两字，将该专著系列命名为"信毅学术文库"。在此之前，我校已分批出版"江西财经大学学术文库"和"江西财经大学博士论文文库"。为打造学术品牌，突出江财特色，学校在上述两个文库出版经验的基础上，推出"信毅学术文库"。在复旦大学出版社的大力支持下，"信毅学术文库"已成功出版两期，获得了业界的广泛好评。

　　"信毅学术文库"每年选取10部学术专著予以资助出版。这些学术专著囊括经济、管理、法律、社会等方面内容，均为关注社会热点论题或有重要研究参考价值的选题。这些专著不仅对专业研究人员开展研究工作具有参考价值，也贴近人们的实际生活，有一定的学术价值和现实指导意义。专著的作者既有学术领域的资深学者，也有初出茅庐的优秀博士。资深学者因其学术涵养深厚，他们的学术观点代表着专业研究领域的理论前沿，对他们专著的出版能够带来较好的学术影响和社会效益。优秀博士作为青年学者，他们学术思维活跃，容易提出新的甚至是有突破性的学术观点，从而成为学术研究或学术争论的焦点，出版他们学术成果的社会效益也不言自明。一般而言，国家级科研基金资助项目具有较强的创新性，该类研究成果常常在国内甚至国际专业研究领域处于领先水平，基于以上考虑，我们在本次出版的专著中也吸纳了国家级科研课题项目研究成果。

"信毅学术文库"将分期分批出版问世，我们将严格质量管理，努力提升学术专著水平，力争将"信毅学术文库"打造成为业内有影响力的高端品牌。

王 乔

2016 年 11 月

前　言

随着中国经济的发展，资本市场不断壮大，为维护市场经济的平稳有效运行、保障国家经济秩序健康发展，注册会计师作为"经济警察"提供客观、中立的审计服务，在其中发挥着不可替代的作用。与此同时，作为独立法人的会计师事务所提供审计服务的质量也越来越受到社会公众的关注。

就会计师事务所而言，其典型的特征就是"人合"。与其他行业相比，人力资本对会计师事务所的影响和重要性程度显得尤为突出。会计师事务所要提升自身的执业质量和行业竞争能力，就需要拥有一批具备丰富的专业知识技能和优良的职业道德素质，能够提供高质量的审计服务和其他相关服务的专业人员。相对于一般的工商企业而言，人力资本对于会计师事务所这样的知识型组织的作用甚至远远超过了财务资本，其重要性也就不言而喻了。过去虽已有文献对会计师事务所人力资本进行研究，但这些研究大多以事务所经济绩效为切入点分析人力资本的效用，尚缺乏关于会计师事务所人力资本特征与审计质量之间关系的深入探讨。

毋庸置疑，在加强会计信息披露的有效性、透明性以及保护投资者权益等方面，注册会计师审计发挥着至关重要的作用，已成为加强公司治理有效的外部手段之一。然而，对于审计服务的需求者而言，由于审计鉴证工作具有一定的特殊性且审计报告以标准化模式呈现，使得审计质量难以量化和考核，优劣难以辨识。与此同时，由于受事务所规模不断扩张和审计业务日益复杂化的影响，审计师声誉毁损事件也在不断发生，为社会公众所关注。审计师声誉已成为供需双方在信息不对称前提下衡量审计质量优劣的重要依据，并据此选聘高质量审计师。声誉机制是否具有激励或约束作用，取决于会计师事务所对审计师声誉溢价或受损带来的收益或损失的全面权衡。在健全、成熟的资本市场上，能够获得较大的市场份额并取得更高业务收入的会计师事务所通常都注重声誉维护，良好的声誉为其赢得了的长期收益；如果为了短期利益导致声誉毁损，将会给其带来严重的负面影响。中国的资本市场相对于国外较为成熟的市场而言，建立时间较短、发展也不够成熟，人力资本特征与审计质量之间的关系究竟如何？审计师声誉能否发挥作用？如何衡量高声誉的事务所？审计师声誉受损或溢价能否发挥其在会计师事务所人力资本特征和审计质量之间的调节作用？对于以上问题的探讨和考察将有助于丰富对会计师事务所人力资本特征、审计师声誉、审计质量等问题的研究，并进一步厘清会计师事务所"人合""智合"特点在审计活动中所发挥的作用。

基于上述思路，本书结合当前相关制度背景与市场环境，对会计师事务所人力资本特征、审计师声誉与审计质量的关系展开研究。首先，在回顾相关文献的基础上，理论阐述人力资本特征的内涵、度量指标及其对审计质量产生影响的作用机理，分析审计师声誉形成机制，审计师声誉溢价及毁损对审计质量带来的影响，进而构建会计师事务所人力资本特征、审计师声誉与审计质量关系的理论原型。其次，在理论分析的基础上，本书提出研究假设，并选取 2010～2015 年中国 A 股上市公司及其财务信息主审会计师事务所为初始研究样本，分析会计师事务所人力资本特征与审计质量之间的关系、审计师声誉与审计质量之间的关系，并对审计师声誉在会计师事务所人力资本特征与审计质量之间的调节作用予以考察。通过实证检验得出检验结果，并以此为依据归纳本书的研究结论。最后，结合理论分析与实证研究的结论，提出应通过多维度提升注册会计师综合素质、充分发挥党员注册会计师"传帮带"作用、健全会计师事务所治理机制、强化审计师声誉运行机制的双重效用等途径，提升会计师事务所人力资本和审计师声誉，以期为会计师事务所通过加强人力资本投入，注重品牌声誉建设，实现"做强、做优、做大"目标，提高审计质量提供理论支持。

本书的创新点主要体现在以下三个方面。

（1）在研究的变量和指标设计上，为考察会计师事务所人力资本特征与审计质量关系提供了新变量。将注册会计师政治面貌作为考察会计师事务所人力资本特征与审计质量关系的指标，突破了以往文献大多以注册会计师的学历、年龄、从事审计工作经验、培训情况等作为变量来考察会计师事务所人力资本特征与审计质量关系的做法。并就此提出假设，实证分析了政治面貌对审计质量的影响，进一步丰富了该领域的文献研究。

（2）在研究视角上，从审计师声誉毁损和溢价双维度研究了审计师声誉与审计质量之间的关系。相对于以往文献对审计师声誉的研究集中在声誉损毁对审计质量带来负面影响，本书还从审计师声誉溢价角度考察了其对审计质量的影响。分别从两个不同的角度分析了声誉机制对审计质量的影响，避免了过去研究视角上的局限性。

（3）在研究内容上，进一步深入考察和验证了审计师声誉在会计师事务所人力资本特征和审计质量之间的调节效应，将研究向纵深拓展。通过理论阐述与实证分析，明晰了审计师声誉对会计师事务所人力资本特征和审计质量之间关系的促进和强化作用。审计师声誉受损和声誉溢价势必将影响事务所对人才的吸引力，由此引起的传导效应将导致审计质量受到一定程度的影响。这将为拓展该领域的研究成果提供进一步的经验证据。

目　　录

第1章　导　论 ... 1

1.1　研究背景及意义 ... 1
　　1.1.1　研究背景 ... 1
　　1.1.2　研究意义 ... 4
1.2　研究内容与结构 ... 5
　　1.2.1　研究内容 ... 5
　　1.2.2　研究结构 ... 6
1.3　研究思路与方法 ... 8
　　1.3.1　研究思路 ... 8
　　1.3.2　研究方法 ... 8
1.4　研究创新点与局限性 ... 9
　　1.4.1　研究的创新点 ... 9
　　1.4.2　研究的局限性 ... 10

第2章　文献综述 ... 12

2.1　关于会计师事务所人力资本与审计质量的相关研究 ... 12
　　2.1.1　人力资本对经济与组织绩效的影响 ... 12
　　2.1.2　人力资本对审计质量的影响 ... 13
2.2　关于审计师声誉与审计质量的相关研究 ... 14
　　2.2.1　审计师声誉形成机制 ... 14
　　2.2.2　审计师声誉的影响因素 ... 15
　　2.2.3　审计师声誉对审计质量的溢价作用 ... 16

  2.2.4 审计师声誉毁损对审计质量的影响 …………………… 18
 2.3 文献述评 ……………………………………………………… 20

第3章 会计师事务所人力资本特征、审计师声誉与审计质量理论概述 …………………………………………………………… 23

 3.1 基本概念界定 ………………………………………………… 23
  3.1.1 会计师事务所人力资本特征的内涵及其度量 ………… 23
  3.1.2 审计师声誉的内涵及作用机理 ………………………… 28
  3.1.3 审计质量的概念及其度量 ……………………………… 33
 3.2 会计师事务所人力资本特征、审计师声誉与审计质量的理论基础 ……………………………………………………………… 37
  3.2.1 委托代理理论 …………………………………………… 37
  3.2.2 信息不对称理论 ………………………………………… 38
  3.2.3 "深口袋"理论 ………………………………………… 39
  3.2.4 信号传递理论 …………………………………………… 40
  3.2.5 学习效应理论 …………………………………………… 41
 3.3 会计师事务所人力资本特征、审计师声誉与审计质量之间关系机理分析 …………………………………………………… 43
  3.3.1 会计师事务所人力资本特征与审计质量之间关系的分析 …………………………………………………………… 43
  3.3.2 审计师声誉与审计师质量之间关系的分析 …………… 46
  3.3.3 审计师声誉在会计师事务所人力资本特征和审计质量之间的调节效应分析 ……………………………………… 47

第4章 会计师事务所人力资本特征与审计质量之间关系的实证检验 …………………………………………………………… 49

 4.1 理论分析与假设提出 ………………………………………… 50
 4.2 变量定义与模型构建 ………………………………………… 54
  4.2.1 变量定义 ………………………………………………… 54
  4.2.2 模型构建 ………………………………………………… 57
 4.3 实证分析与结果描述 ………………………………………… 57

4.3.1　样本选择 ··· 57
  4.3.2　描述性统计 ··· 58
  4.3.3　相关性分析 ··· 59
  4.3.4　多元回归分析 ··· 61
  4.3.5　进一步测试 ··· 63
  4.3.6　稳健性测试 ··· 67
 4.4　本章小结 ·· 74

第5章　审计师声誉与审计质量之间关系的实证检验 ················ 76
 5.1　理论分析与假设提出 ··· 76
 5.2　变量定义与模型构建 ··· 78
  5.2.1　变量定义 ··· 78
  5.2.2　模型构建 ··· 80
 5.3　实证分析与结果描述 ··· 81
  5.3.1　样本选择 ··· 81
  5.3.2　描述性统计 ··· 81
  5.3.3　相关性分析 ··· 82
  5.3.4　多元回归分析 ··· 83
  5.3.5　进一步测试 ··· 85
  5.3.6　稳健性测试 ··· 88
 5.4　本章小结 ·· 94

第6章　审计师声誉在会计师事务所人力资本特征和审计质量之间调节效应的实证检验 ·· 96
 6.1　理论分析与假设提出 ··· 96
 6.2　变量定义与模型构建 ··· 99
  6.2.1　变量定义 ··· 99
  6.2.2　模型构建 ··· 100
 6.3　实证分析与结果描述 ··· 100
  6.3.1　样本选择 ··· 100
  6.3.2　描述性统计 ··· 101

6.3.3 相关性分析 …………………………………………… 102
6.3.4 多元回归分析 ………………………………………… 103
6.3.5 进一步测试 …………………………………………… 105
6.3.6 稳健性测试 …………………………………………… 109
6.4 本章小结 …………………………………………………… 117

第7章 研究结论与政策建议 …………………………………… 119

7.1 研究结论与展望 …………………………………………… 119
   7.1.1 研究结论 ……………………………………………… 119
   7.1.2 未来研究方向 ………………………………………… 123
7.2 政策建议 …………………………………………………… 124
   7.2.1 多维度提升注册会计师综合素质 …………………… 124
   7.2.2 充分发挥党员注册会计师"传帮带"作用 ………… 127
   7.2.3 健全会计师事务所治理机制 ………………………… 128
   7.2.4 强化审计师声誉运行机制的双重效用 ……………… 130

参考文献 …………………………………………………………… 133
后记 ………………………………………………………………… 146

第 1 章 导 论

1.1 研究背景及意义

1.1.1 研究背景

随着中国经济的发展，资本市场不断壮大，为了维护市场经济的平稳有效运行、保障国家经济秩序健康发展，注册会计师作为"经济警察"的角色，凭借其提供的客观、中立的审计服务，发挥着不可替代的作用。与此同时，作为独立法人的会计师事务所提供审计服务的质量也越来越受到社会公众的关注。作为证券市场上唯一能够从事鉴证工作的职业，审计人员履行着相应的检查程序并承担着相应的鉴证责任。然而，由于中国注册会计师行业起步较晚，发展尚不够成熟，相对于大型国际会计师事务所来说，中国本土会计师事务所在审计市场中所占的份额与之尚有一定的差距。基于以上种种因素，国务院办公厅于2009年发布了《关于加快发展中国注册会计师行业的若干意见》，旨在强调将提升审计质量、加快注册会计师行业发展，作为现阶段一项重中之重的工作。

在知识经济环境下，人力资本的重要性已远远超过其他的财产或物质资源，其对于提升企业绩效甚至国家经济增长都发挥着至关重要的作用。无论国家、地区、产业组织、家庭还是个人，要实现持续增长，都必须要注重人力资本投资。基于会计师事务所特殊的"人合"特征，较之于其他行业或组织来说，人力资本在会计师事务所中的重要性尤为突显。会计师事务所执业质量的提高和市场竞争力的增强，都需要依靠高素质的人才队伍来得以保证。众所周知，会计师事务所以其提供审计服务的质量为核心竞争力，而作为会计师事务所核心"资产"的人力资本，对审计质量的高低起着至关重要的作用。

对于人力资本在经济增长以及企业绩效等方面的贡献，过去已有文献进行了研究。但关于人力资本在会计师事务所这类知识型组织中的作用，现有研究尚不充分，且多数以会计师事务所经济绩效为切入点分析会计师事务所人力资本特征的作用。而对于会计师事务所人力资本特征与审计质量这一最根本的绩效之间的关系，现有文献尚缺乏深入探讨。作为一个以提供专业审计服务及其他业务而获取报酬的组织，高质量的审计服务是会计师事务所实现经营目标、维持可持续发展的保证，也是其自身价值的良好体现；而低质量的审计服务或者出具虚假、不实的审计报告则将受到监管机构的处罚，面临信息使用者提起的民事诉讼，甚至最终可能由于这种行为导致法院或监管部门强行解散会计师事务所的严重后果。因此，作为会计师事务所的注册会计师和其他相关专业人员必须拥有广博的专业知识、丰富的执业经验并保持实质上和形式上的独立性，为提供高质量审计服务及其他相关服务做好准备。会计师事务所专业人员的这些知识、技能和相关执业经验等便构成了其人力资本的重要组成部分（Penningset al.，1998）。由此可见，相对于一般的工商企业而言，人力资本对于会计师事务所这样的知识型组织的作用甚至远远超过财务资本，其重要性也就不言而喻了。换言之，对于会计师事务所而言，拥有众多具备丰富的知识、技能并具有良好的审计师声誉的专业人员是其最重要的"资产"。反过来说，会计师事务所也应当在客户给予的收益和报酬中扣除各种风险准备和未来发展基金后的余额后主要用于对这些专业人员给予相应的劳动补偿。在会计师事务所总的投入成本中，人力资本的投入相对于资金或实物资产的投入而言，具有更为至关重要的作用（O'Keefeet al.，1994）。来自美国注册会计师协会的调查研究结果显示：整个会计师事务所净收入中高达75%左右用于了支付人力资本的报酬。同时，实力雄厚的会计师事务所更倾向进行后续的人力资源投入，如培训、技术研发等，这些举措将吸引更多高素质的审计师加盟。相对于中小型会计师事务所来说，大型会计师事务所在人力资本上的投入更多，这往往也是其能在竞争中立于不败之地的关键之处。因此，从某种程度上可以说会计师事务所的资金成本投入与人力资本投入之间具有一定的正向关系（Bankeret al.，2003）。然而，究竟如何度量该人力资本特征？对会计师事务所审计质量会带来怎样的影响？这正是本书需要研究的一个问题。

注册会计师审计在促进公司提升会计信息透明度、有效保护广大信息使用者（包括投资者、债权人及其他相关人员）合法权益、维持良性有序的资本市场竞争环境等方面发挥着举足轻重的作用。然而，由于审计产品质量难以直接观测和量化且审计报告的最终结果又是以标准化形式呈现等特殊状况，致使审计服务需求者难以对审计师所提供的鉴证服务质量的优劣进行合理区分。因此，审计师声誉也就成为了信息不对称情况下投资者、债权人以及监管机构甄别审计服务质量优劣，选聘优质审计师的重要衡量标准。

与此同时，伴随着会计师事务所审计业务整体难度和复杂性的不断增强、会计师事务所规模的日益壮大，声誉毁损事件也逐渐为广大社会公众所关注。例如，德勤的审计师声誉就因在纽约证券交易所上市的中国东南融通2011年的财务信息欺诈行为而蒙受重大损害。分析师格林甚至在报告中指出：基于对德勤审计的财务报表的质疑，下调其他两家经德勤审计过的中国IT公司的投资评级。与此同时，中国审计实务界也开始重视审计师声誉。2008年中国注册会计师协会在北京举行《关于推动中国会计师事务所做大做强》发布会，将大力发展中国本土会计师事务所使其竞争力提升，最终走上国际化发展道路与"四大"相抗衡列为重要目标。

从理论上说，作为"理性经济人"的会计师事务所，将视自身利益最大化作为追求目标。审计师声誉能否导致会计师事务所提供高质量的审计服务取决于会计师事务所在维持或者提高审计声誉带来的长期收益和降低审计师声誉产生的短期收益之间权衡利弊之下所做出的选择。结合相关制度背景，在成熟有效的市场前提下，审计师声誉溢价将使会计师事务所获取更大的市场份额，继而实现长期受益最大化；相反，声誉毁损给会计师事务所带来的后果也是极其严重的，甚至可能因声誉毁损事件而遭到解散，比如安达信会计师事务所。中国的资本市场相对于较为成熟的国外市场来说建立时间较短，相比较之下还属于较弱的资本市场。审计师声誉在中国能否充分发挥作用？审计师声誉机制是否能带来高质量的审计服务？如何衡量高声誉的会计师事务所？审计师声誉溢价能否发挥其在会计师事务所人力资本特征和审计质量之间的调节作用？

对以上问题的探讨和解答将有助于丰富对会计师事务所人力资本特征、声誉机制、审计质量等问题的研究，并进一步厘清会计师事务所"人合""智合"特点在审计活动中所发挥的作用。

1.1.2 研究意义

基于上述思路，本书结合当前相关制度背景与市场环境，对会计师事务所人力资本特征、审计师声誉与审计质量之间的关系。具体而言，本书的理论贡献和实践意义主要体现在以下三个方面：

第一，本书拓展和丰富了有关会计师事务所人力资本特征与审计质量关系的研究文献。选用近年中国会计师事务所及非金融类上市公司的数据，以操控性应计利润对审计质量进行度量，对会计师事务所中注册会计师学历层次、相关执业经验、政治面貌以及参加行业领军人才培训等人力资本特征与审计质量的关系进行考察。尤其是将注册会计师政治面貌作为考察会计师事务所人力资本特征与审计质量关系的指标，为考察会计师事务所人力资本特征与审计质量关系提供了新变量。以期为研究在会计师事务所这类特殊组织中人力资本特征与审计质量之间的关系提供经验证据，同时进一步充实与丰富审计质量相关文献。此外，通过考察会计师事务所行业领军人才培训计划情况与审计质量之间关系，也可以为行业监管部门今后开展培训工作的思路提供经验证据与理论支持。

第二，本书从审计师声誉毁损和溢价双维度进行考察，研究审计师声誉与审计质量之间的关系，并进一步深入分析审计师声誉在会计师事务所人力资本特征和审计质量之间的调节效应。拓宽了现有文献主要从审计师声誉的形成、作用机理和修复机制等角度分析带来的局限性，充分认识到审计师保持独立性是维护审计师声誉不可或缺的重要因素。良好的审计师声誉对于审计师保持独立性和提高审计质量起到促进作用；同时，审计师声誉受损也将对审计质量带来不利影响。充分了解和认识审计师声誉对会计师事务所人力资本特征和审计质量之间关系的促进和强化作用，将有助于为该领域的研究提供一定的逻辑和经验证据。

第三，本书的研究同样具有一定的政策参考价值和行业借鉴意义。通过对会计师事务所人力资本特征、审计师声誉与审计质量之间的关系进行分析，有助于行业监管部门更准确地解读会计师事务所人力资本特征和审计师声誉的作用机理，进而有助于行业监管部门制定科学合理的监管政策。同时，也有利于会计师事务所加强对人力资本以及审计师声誉的认识程度，使会计师事务所的服务水平更高效，进而促进注册会计师行业的健康持续发展。

本书拟对国内外会计师事务所人力资本特征、审计师声誉及审计质量相关研究进行系统回顾，并提出假设、构建模型和进行实证检验，继而对未来的研究进行展望。以期为会计师事务所通过建立自主品牌实现"做强、做优、做大"，提高审计质量提供理论支持。

1.2 研究内容与结构

1.2.1 研究内容

本书的研究内容主要是围绕着会计师事务所人力资本特征、审计师声誉与审计质量三者之间的关系展开的。

具体而言，本书的主要研究内容包括：（1）从分析人力资本特征的内涵及其度量指标出发，对相关文献进行系统总结并做出评述，通过了解国内外研究现状、动态和进展，开展人力资本特征与审计质量相关理论分析。继而从会计师事务所中注册会计师整体教育水平、执业经验水平、政治面貌状况、入选行业领军人才培训情况等角度研究并分析人力资本特征对审计质量产生的影响提出理论假设，构建相关模型，进行实证检验。（2）通过对审计师声誉与审计质量相关文献回顾，分析审计师声誉形成机制，审计师声誉毁损与审计师声誉溢价对审计质量的作用机理，提出理论假设，构建相关模型，并实证检验审计师声誉与审计质量之间的关系。（3）进一步考察审计师声誉对会计师事务所人力资本特征与审计质量之间的调节作用进行分析和实证研究，充分了解三者之间的关系。（4）将本书的主题和实证研究的结果与中国特定的制度背景相结合，对中国注册会计师行业专业人才培养模式、行业监管法规及各项相关制度等方面提出适应当前情况的合理化建议，供相关人员进行参考。

1.2.2　研究结构

本书拟在厘清相关理论背景和考察各项现实因素的基础上，明确论文研究的主题和方向。在此基础上，以近年来中国注册会计师行业整体状况为背景，并通过回顾国内外相关理论和文献，归纳总结现有研究成果存在的不足，找出可能的突破口和创新点。继而对会计师事务所人力资本特征、审计师声誉及审计质量相关理论进行分析，提出待检验的各个理论假设，建立本书研究的基本模型。然后，根据研究设计和构建的模型，分别从会计师事务所人力资本特征和审计师声誉角度进行理论分析和实证检验。最后，依据实证检验的结果，形成具体研究结论，并提出相应的政策建议及未来研究的方向。本书的基本结构如图1.1所示。

全书共分为七章，具体章节内容如下：

第1章为导论。主要在梳理相关理论背景和考察各项现实因素的基础上，明确本书研究的主题和方向，阐述本书研究的理论和现实意义以及创新点和不足之处。同时，对本书研究的思路与结构及研究方法予以说明。

第2章为文献综述。主要梳理和概括了会计师事务所人力资本特征、审计师声誉、审计质量等问题的相关研究进展。在回顾相关国内外文献的基础上，对以往学者的观点进行系统的归纳和评述。这些研究成果和文献依据为本书提供了不可或缺的指导与参照作用，对本书进行拓展研究提供了方向。

第3章为会计师事务所人力资本特征、审计师声誉与审计质量理论概述。在文献综述的基础上，本章首先描述了人力资本特征的内涵及其度量标准、审计师声誉的内涵及作用机理、审计质量的概念及其度量。接下来分析影响会计师事务所人力资本特征、审计师声誉与审计质量的理论基础。最后，本章结合论文主题，对会计师事务所人力资本特征、审计师声誉与审计质量之间关系的理论分析。

第4章为会计师事务所人力资本特征与审计质量之间关系的实证检验。本章主要从审计人员学历层次、执业经验、注册会计师党员比例以及入选

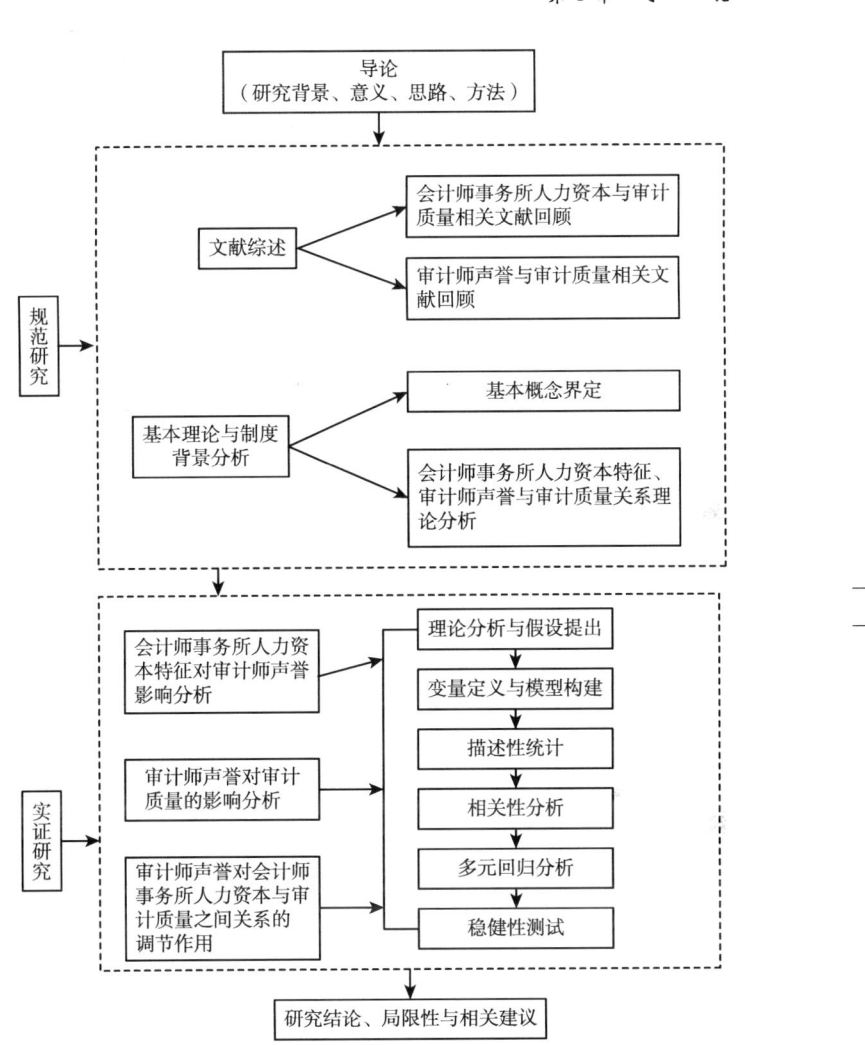

图 1.1 研究的基本结构

行业领军人才培训计划情况等几个角度分析会计师事务所人力特征对审计质量的影响。在此基础上，提出会计师事务所人力资本特征与审计质量之间关系的研究假设，予以实证检验。

第 5 章为审计师声誉与审计质量之间关系的实证检验。本章分别从审计师声誉受损与审计质量的关系，以及审计师声誉溢价与审计质量的关系两个维度分析审计师声誉对审计质量的影响。并提出审计师声誉与审计质量之间关系的研究假设，予以实证检验。

第 6 章为审计师声誉在会计师事务所人力资本特征和审计质量之间调节效应的实证检验。会计师事务所声誉溢价会吸引更多优秀的注册会计师加盟会计师事务所，进而促进了人力资本特征对审计质量的强化作用。具体而言，本书分析了审计师声誉溢价或受损的情况下，对会计师事务所人力特征与审计质量之间关系的调节效应，并提出相关研究假设，予以进行实证检验。

第 7 章为研究结论与政策建议。本章在前述理论分析和实证检验结果的基础上，归纳本书的研究结论，并就当前该领域存在的问题指出了相关的政策建议，以期为此类问题的解决提供思路和方法。同时，对未来可供进一步研究的方向予以了展望。

1.3　研究思路与方法

1.3.1　研究思路

本书拟采用归纳与演绎等方法对相关文献及基本理论进行分析。继而在此基础上，通过建立相关检验模型、分析现有数据等方法予以实证研究，立足多角度对会计师事务所人力资本特征、审计师声誉与审计质量之间的关系。

具体研究思路为：首先，在文献回顾的基础上，对会计师事务所人力资本特征与审计质量之间关系的作用机理予以充分阐述，并通过分析其影响因素及约束条件，进而构建会计师事务所人力资本特征与审计质量之间关系的基本理论原型。其次，对审计师声誉形成机理进行分析，进而构建审计师声誉与审计质量之间关系的检验模型。再次，从审计师声誉对会计师事务所人力资本特征和审计质量关系调节作用的角度进行理论分析和实证检验。最后，在前述理论分析和实证检验结果的基础上，归纳本书的研究结论，并就当前该领域存在的问题指出了相关的政策建议。同时，对未来可供进一步研究的方向予以展望。

1.3.2　研究方法

研究方法在整个科学研究工作中发挥着至关重要的作用，其包括研究工具和研究手段。不同的研究方法有时甚至会得出截然不同的结论，从某种意义上来说，研究方法决定着科学研究结论的正确性与严密性。如果研究方法运用的不恰当，往往会使研究事倍功半，甚至最终可能得出错误的结论。

本书主要采用的研究方法为文献研究法、实证检验法以及演绎推理法等，这些方法贯穿本书的研究过程。

（1）文献研究法。本书首先对国内外文献进行全面、系统的收集和整理，充分了解会计师事务所人力资本特征、审计师声誉与审计质量相关研究的最新进展情况。通过对文献的收集、鉴别和整理，分析以往文献取得的成果和不足之处，总结出该领域尚可研究和进一步拓展的方向，为本书的研究工作奠定了坚实的基础。然后，通过不断借鉴和分析过去已有的科研成果，构建本书的研究思路、框架结构和假设条件，了解现阶段该领域尚存在的问题并提出可能予以改进的政策建议等。

（2）实证研究法。本书借助中国上市公司的财务和审计数据以及中国注册会计师协会网站公布的会计师事务所相关信息，主要采用实证研究的方法，通过提出假设并构建回归模型对假设进行检验，实证分析当前会计师事务所人力资本特征、审计师声誉和审计质量的关系，以便得到相应的经验证据来支持结论。

（3）演绎推理法。该方法通过以往的相关理论知识和事物的客观发展规律，从过去已经发生的事物和一般性前提出发，通过推导得出未知部分的具体陈述或个别结论的方法。本书将对以往大量文献资料的代表性和差异性进行比较，进而通过概括分析与总结，并辅以逻辑推理法、比较研究法等各种手段，对本书进行综合研究。合理推断出这些会计师事务所人力资本特征、审计师声誉与审计质量之间的关系，进而提出相应的研究假说。

1.4 研究创新点与局限性

1.4.1 研究的创新点

较之于以往文献，本书可能的创新点主要体现在以下三个方面：

第一,在研究的变量和指标设计上,为考察会计师事务所人力资本特征与审计质量关系提供了新变量。将注册会计师政治面貌作为考察会计师事务所人力资本特征与审计质量关系的指标,突破了以往文献大多以注册会计师的学历、年龄、从事审计工作经验、培训情况等作为变量来考察会计师事务所人力资本特征与审计质量关系的做法。并就此提出假设,实证分析了政治面貌对审计质量的影响,进一步丰富了该领域的文献研究。

第二,在研究视角上,从审计师声誉毁损和溢价双维度研究了审计师声誉与审计质量之间的关系。相对于以往文献对审计师声誉的研究集中在声誉损毁对审计质量带来负面影响,本书还从审计师声誉溢价角度考察了其对审计质量的影响。分别从两个不同的角度分析了声誉机制对审计质量的影响,避免了过去研究视角上的局限性。

第三,在研究内容上,进一步深入考察和验证了审计师声誉在会计师事务所人力资本特征和审计质量之间的调节效应,将研究向纵深拓展。通过理论阐述与实证分析,明晰了审计师声誉对会计师事务所人力资本特征和审计质量之间关系的促进和强化作用。审计师声誉受损和声誉溢价势必将影响会计师事务所对人力资本的吸引力,由此引起的传导效应将导致审计质量受到一定程度的影响。这也将为拓展该领域的研究成果提供进一步的经验证据。

1.4.2 研究的局限性

尽管本书接下来将对会计师事务所人力资本特征、审计师声誉、审计质量之间的关系进行一定的理论和实证研究,并得出相应的研究结论,对拓展和丰富关于会计师事务所人力资本特征、审计师声誉以及审计质量等问题的研究提供一些理论与现实依据。但由于受自身知识结构及各种主、客观因素所限,本书在资料收集、模型及变量设计等方面仍存在一些不足之处。这将有待于日后进一步拓展和深入。研究的局限性具体包括以下三点:

第一,尽管本书实证检验模型的设计是以相关理论分析为前提条件的,但由于会计师事务所人力资本特征、审计师声誉与审计质量所涵盖的范畴较广,同时又受自身知识结构及数据可得性等因素限制。因此,本书选取了其中部分具有代表性且可观测的指标予以分析，并不能保证所有有关人力资本特征、审计师声誉对审计质量的影响因素都悉数纳入了检验模型中。

第二，本书结论主要是基于对全样本的多元线性回归分析而得出，反映的是一个大致上的趋势。对于会计师事务所人力资本特征、审计师声誉与审计质量之间关系的考察上，对于一些可能令实证分析过于复杂、难以厘清的各种情形和样本分类，在实证研究过程中尚未考虑进去。然而，在现实的经济环境下，会计师事务所人力资本特征、审计师声誉与审计质量的关系，可能并不是简单的线性关系所能完全囊括的。

第三，本书受数据公布及收集等因素所限，仅将研究对象限定为 2010～2015 年期间非金融类上市公司的数据，客观上也可能削弱本书研究结论的代表性。

第 2 章 文献综述

关于会计师事务所审计质量问题的研究,以往国内外学者已进行了较深入的理论分析和实证检验。概言之,研究成果虽丰富,却仍在存在研究重心相对集中且结论并不一致的现象。从整体来看,该领域的研究较少涉及会计师事务所人力资本特征、审计师声誉对审计质量的影响。本章主要对有关会计师事务所人力资本特征、审计师声誉和审计质量等问题的现有文献进行回顾和梳理。立足于前人研究的基础,对已有的观点进行总结,了解现阶段该领域存在的问题和尚可进一步拓展的空间。

2.1 关于会计师事务所人力资本与审计质量的相关研究

2.1.1 人力资本对经济与组织绩效的影响

继人力资本理论创始人舒尔茨、贝克尔之后,国内外众多学者分别从经济增长、公司业绩、家庭和个人收入等视角对人力资本投入所带来的绩效进行了检验,如 Hambrick 和 Mason(1984)、Bouillon,etal.(1995)、Weisberg(1996)、Black 和 Lynch(1996)、Barro(2001)、Seleim,Ashour 和 Bontis(2007)、Vinod 和 Kaushik(2007)、李春瑜(2009)、张瑾和吕冠珠(2010)、高素英等(2011)、王士红(2017)等。

李春瑜(2009)通过考察人力资本特征对民营企业绩效的关系发现,员工的从业经验、技术水平高低以及后续培训教育支出占销售额比重与企业绩效之间存在着显著正相关；培训支出占薪酬比重与企业绩效之间负相关；而员工人数变化、持股比例以及接受教育的时间和年限则和企业绩效之间不具有相关关系。张瑾和吕冠珠（2010）在对山东省民营中小企业考察后发现，丰富的企业管理经验、参加旨在提高人力资本水平的各种技术培训与企业经营绩效之间呈正向关系。高素英、赵曙明和彭喜英（2011）通过研究后则发现，企业高管人员和其他人员的受教育程度与企业绩效之间正相关，而专业技术人员占员工人数的比例与企业绩效之间不相关。王士红（2017）研究证实人力资本与经济增长之间存在相关性。

鉴于会计师事务所的行业特殊重要性，部分学者就会计师事务所中人力资本与经济绩效的关系进行了分析和研究。如，Pennings 等（1998）研究了会计师事务所解散的概率与人力资本投入之间的关系。Bröcheler 等（2004）通过对会计师事务所审计师的执业经验进行研究，得出审计师的经验水平与会计师事务所的绩效存在一定的相关关系。在成立期间，审计师的执业经验与会计师事务所整体绩效正相关；而在日常经营期间，审计师的执业经验与会计师事务所整体绩效负相关。Chen 和 Lin（2007）以及 Chang 等（2011）通过对中国台湾地区会计师事务所研究后都发现，会计师事务所劳动效率主要受人力资本和技术进步所影响，拥有越多执业经验丰富和学历水平较高的合伙人，会计师事务所的生产效率就越高。

2.1.2 人力资本对审计质量的影响

Deis 和 Giroux（1992）在考察影响政府部门审计质量的因素时发现，审计质量受审计师过往工作经历、学历水平、接受培训程度等因素影响。O'Keefe 和 Westort（1992）的研究也发现审计质量与培训程度相关。Niemi（2004）在对芬兰小型会计师事务所进行研究时发现，审计师获得学位情况（academic degree）、担任签字注册会计师时间长短、是否为一线认证审计师（first-tier certification）这三个衡量审计师专业胜任能力的变量与审计价格之间存在着显著正相关。李建然和高惠松（2007）依据中国台湾地区 2002 年上市公司的数据，以审计师执业经验（35 岁以上审计师所占会计师事务所人员的比重）、学历水平（硕士以上审计师占会计师事务所总人数的比重）、会计师事务所人均培训经费、会计师事务所审计师与助理人员所占比例等指标检验会计师事务所人力资本与审计质量之间的关系时发现，整体上会计师事务所审计师学历水平及执业经验等人力资本特征与会计师事务所审计质量之间存在相关关系。一方面，审计师的学历水平对正向操纵应计数具有显著的抑制作用；另一方面，审计师的执业经验对正向和负向操纵应计数都具有抑制作用。Cheng，Liu和Chien（2009）通过对中国台湾地区的数据研究后得出，会计师事务所人力资本各项指标中审计师学历层次，执业经验、拥有资格证书情况、接受培训程度与会计师事务所品牌声誉及审计质量正相关。韩维芳（2016）的研究发现，签字审计师年龄、累计执业时间和经验、所学专业是否为会计审计类专业等人力资本特征与审计质量之间存在显著正相关。王晓珂等（2016）也得出审计师个人经验和审计质量正相关。

此外，刘嘉雯（1997，1999）、Allen和Woodland（2010），对提高注册会计师准入条件的要求进行了研究，并未发现二者之间存在着显著的相关关系。

2.2 关于审计师声誉与审计质量的相关研究

2.2.1 审计师声誉形成机制

有效掌握审计师声誉的形成规律一方面有利于增加会计师事务所品牌知名度，另一方面还将提升审计服务供求双方自身的价值。审计师声誉的形成受诸多因素影响。近年来，学者们将关注的目光投向了对审计师声誉影响因素的研究。并将以往对审计师声誉的研究予以了多方面拓展，开始从监管行为、审计质量、行业专门化、媒体监督和法律责任等方面深入分析这些因素对审计师声誉形成的影响。Firth（1990）、Rollins和Bremser（1997）、方军雄（2010）等认为来自监管机构的处罚将导致审计师声誉受损，从而使会计师事务所收入下滑，蒙受一定的经济损失。而张奇峰（2005）通过考察初次取得IPO专项复核资质的会计师事务所后，却得出了截然不同的结论。他发现相对于依靠政府管制的本土会计师事务所来说，投资者更认同在业界声誉较高的"四大"会计师事务所，政府的管制并没有提高审计师声誉,也没有增加客户公司各项财务指标的可信度。

此外,会计师事务所规模(沈小燕和温国山,2008)、行业专门化经营战略(薛爽,2012)、智力资本(蒋尧明和唐衍军,2016)等因素共同对审计师声誉产生影响,并决定其品牌效应。

2.2.2 审计师声誉的影响因素

会计师事务所行业专门化决定着会计信息质量的优劣和可信度,同时也影响着审计质量高低,是提升审计师声誉的重要途径(陈丽红和张龙平,2010)。Francis等(2005)将行业专长予以区分后发现,那些获得声誉溢价的国际会计师事务所既具备国家性专长又拥有行业性专长,这两种专长同时对审计师声誉产生影响。此外,一些学者们还考察并验证了行业专门化对审计师声誉的影响。GAO(2003)的研究报告显示,80%的客户公司在选聘会计师事务所时将行业专门化作为重要的参考依据,他们认为行业专门化代表了会计师事务所在某个领域的专业水准和审计质量,也反映了会计师事务所在该领域审计师声誉状况。随后,Lee等(2004)考察了独立审计委员会与客户公司选聘审计师之间的关系后发现,客户公司更倾向于聘请在某一行业具有专长的审计师,且拥有行业专长的审计师为了捍卫声誉有时甚至采用辞职的方式来表达自己的意愿和观点。Hertz(2006)针对萨班斯法案颁布后,客户公司在选聘和解雇审计师等方面发生的变化进行考察时,也得出了相同的结论。这些研究结论进一步验证了GAO的观点。

以往的审计质量将对审计师声誉产生一定的影响。作为一种市场调节手段,审计师声誉具有不可观测性特点(Toth,2008)。Toth采用财务重述作为衡量审计质量的标准,通过实验法模拟安达信灭亡事件,考察审计师声誉和审计质量之间的关系时发现,客户倾向于选择能提供高质量审计服务且声誉较高的审计师。此外,Skinner和Srinivasan(2010)的研究也证实了在相关法律难以充分发挥作用的情况下,审计质量的高低直接影响着审计师声誉。Skinner和Srinivasan发现在嘉宝公司审计失败之后,普华永道日本分所(ChuoAoyama)的审计质量问题日益显现,客户公司也因此纷纷更换了审计师。

除此之外,审计师声誉还受媒体报道和法律诉讼等因素影响。媒体报道加剧了客户公司对审计师声誉在重大事件后波动所带来的市场反应（Peursem and Hauriasi，2000）。而诉讼将给审计师带来巨大损失，除了给付由于审计失败而带来的赔偿款之外，也会使审计师声誉受到重创。但为了降低损失，避免今后更多的后续问题发生，大多数声誉较高的会计师事务所还是选择了放弃庭外和解，而采用诉讼的方式来解决这一问题（Mcracken，2003）。

2.2.3 审计师声誉对审计质量的溢价作用

Bengtson（1975）认为审计师之所以在执业中保持独立性是为了树立品牌声誉，良好的声誉要求审计师在发现违规行为时予以揭露。这可能会导致失去部分重要客户，短时期内可能还会产生一定的损失。然而，当这种声誉一旦建立，市场对其需求量便会不断上升，劳务报酬也随之上涨（Watts and Zimmerman，1986）。Krishnamurthy（2006）对安达信声誉遭到毁损后客户对其独立性的感知是否会发生变化进行了调查。他们发现，当审计师的独立性遭到市场质疑时，其报酬率在起诉期内波动更加异常，并且显著为负。研究结果对审计师声誉与独立性之间的相关关系予以了进一步验证。即，如果审计师的独立性被利益相关者认为远不如比预期，审计师的声誉便会因此下降，同时也会给其客户的股价带来负面影响，进而导致收费的降低或客户流向其他会计师事务所。

审计师声誉从某种意义上而言，代表着审计质量的高低。高声誉的"四大"会计师事务所提供的审计服务质量也更高（漆江娜等，2004），同时还能达到使 IPO 抑价率降低（王兵等，2009），减少会计信息不确定性（Autore et al.，2009），抑制客户公司盈余管理（Numata and Takeda，2010），减轻信息不对称（Kanagaretna et al.，2010），削弱客户公司股价崩盘风险（刘峰等，2010）和法律风险（曹文沛等，2015），影响 IPO 市场反应（李璐，2017）等效果。此外，Bugeja（2006）对高声誉审计师的市场认可程度进行了研究，他以会计师事务所规模作为审计质量的替代变量，发现在收购由高声誉的"四大"会计师事务所审计的公司时，收购溢价效应更为显著。随后，ComROAD 公司的会计丑闻及科龙事件，也从反面对声誉与审计质量的关系予以了验证（Weber et al.，2008；Gao，

2010)。研究发现，相对于毕马威而言，声誉毁损事件带给德勤的客户负异常报酬率更高。可见，对审计质量要求相对更高的公司在出现声誉受损事件时，市场对其审计质量的认可程度急剧下降，产生了更高的异常负报酬。上述结论均印证了市场对审计质量的了解主要是通过观察审计师声誉而形成，客户股价因声誉变化而波动。故此，为了更好地保持现有的客户并吸引更多潜在的未来客户，高声誉的大型会计师事务所有更强的动力去提供高质量的审计服务（DeAngelo，1981）。

审计师声誉有助于通过提高审计收费而获得溢价效应。AllenT等（1996）对因营销规则变化以及审计师选聘广泛引入招标形式而产生激烈竞争局面的澳大利亚审计市场进行调查，研究了在不存在收费垄断的前提下，"六大"（或"八大"）会计师事务所与其他规模相对较小、声誉效应相对较弱的会计师事务所比较，在审计费用上存在一定的溢价状况。Bandyopadhyay和Kao（2001）也认为品牌声誉促进了"六大"（或"八大"）审计费用产生溢价。与此类似，李连军和薛云奎（2007）通过研究声誉溢价在中国审计市场发挥的效应后发现，相对于中国本土会计师事务所而言，"四大"会计师事务所在中国的分所具有高达23.12%声誉溢价；同时，中国本土"五大"会计师事务所也较之于中国本土其他所产生了7.57%的溢价效应。可见，声誉机制在中国本土会计师事务所正逐步形成并产生溢价效应。高声誉会计师事务所能够获取相应的审计收费溢价（闫焕民，2015）。然而，声誉带来的审计收费溢价并不会一直持续上涨。McLennan和Park（2004）通过建立两种不同的审计师声誉模型进行实验后发现，尽管拥有较高声誉的审计师获得了审计费用溢价，但随着市场上这种高声誉审计师不再稀缺时，产生的收费溢价效应又将逐渐下降，从而降低了其保持独立性、拒绝与客户公司合谋的动机。那么，审计师声誉溢价产生并发挥效用的机理是什么呢？学者们以往的研究显示，聘请较高声誉的审计师能提高客户公司对外公布的财务信息的可靠性，进而使代理成本有效降低（Jensenand Meckling，1976）。同时，当诉讼发生时，高声誉的审计师能够更好地在诉讼中承担相应的民事赔偿责任，还可以带给投资者较多的额外担保（Dye，1993）。拥有较高声誉的审计师除了能起到保险的作用（Asthana et al.，2003），还可以减少会计信息不确定性（Autore et al.，2009）、降低信息不对称（Godbey and Mahar，2005；Hakim and Omri，

2009）以及减少代理成本（Uang et al.，2006；Numata et al.，2010）。概言之，高声誉的审计师可以获得较多的声誉溢价。

除此之外，还有一些研究表明审计师声誉有利于增加IPO初始回报（Datar and Alles，1999）、促进公司业绩（Siala et al.，2009）、增强债务融资（Rodríguez et al.，2009）以及限制盈余管理（Kanagaretnam et al.，2010）等，但业界对某些问题还尚未形成统一认识。从以往相关文献可知，学者们在审计师声誉与IPO初始回报之间的关系上观点尚未达成共识。Beatty（1989）通过考察审计师声誉对IPO初始回报的影响后发现，声誉较高的审计师相对于声誉较低的审计师而言，给企业带来了更低的抑价率，降低了投资者的初始回报预期。通过考察中国股权分置时期审计师声誉与IPO初始回报的关系，也得出了较高声誉审计师能使IPO抑价率显著降低，投资者的初始回报下降的类似结论（王兵，2009；李璐，2017）。与之相反，Batnini和Khalfallah（2009）以风险投资公司为研究样本，结果显示IPO过程信息不对称将会使其在金融市场上产生价格贬值。为了减少信息不对称带来的不良后果并增加初始回报，风险投资者会通过聘请高声誉审计师来实现这一目标，从而得出高声誉审计师与投资者的初始回报显著正相关。然而，Fang（2008）采用两种回归方法对中国台湾地区的审计市场进行考察后却发现，IPO初始回报的高低受审计师声誉采用不同替代变量进行检验所影响，并且两种回归方法最终形成了截然不同的结果。

2.2.4 审计师声誉毁损对审计质量的影响

审计师声誉毁损将给会计师事务所带来一系列负面影响和不利后果。Weber等（2008）认为声誉受损不仅会减少会计师事务所的客户数量，还将使客户公司的股价波动异常。基于此，再次建立良好的声誉是受罚会计师事务所今后工作的重心和关键（刘笑霞，2013）。安然事件以后，学者们将注意力集中在安达信销毁相关审计工作底稿，并于2002年2月4日因安然公司面临刑事指控这一焦点问题。然而，对于安达信声誉受损后给客户公司带来的后果，学者们的研究结论却呈现出较大差异。Chaney和Philipich（2002）发现，在安达信公开表明销毁安然公司审计工作底稿几天之后，受投资者对安达信审计质量期望值急剧下降影响，它的其他客户公司同样受到了负面的市场冲击。尤其是聘请安达信休斯顿分所审计的公司，报酬率急剧下降现象更为严重。然而，在美国司法部对安达信发起指控后资本市场的反应却并不显著和突出。在此之后，Krishnamurthy 等（2006）分别从三个角度对安达信的客户公司的收益异常反应进行了检验后发现，其中两个方面得出安达信客户遭受了严重的经济损失，这与 Chaney 和 Philipich 的研究结论基本一致。然而，从第三个角度的研究结果却显示安达信的客户公司并没有因为安然事件而面临巨大损失。这一结论与 Chaney 和 Philipich 的结论大相径庭。此外，他们认为安达信面临指控后资本市场表现为负面反应的研究结果也与 Chaney 和 Philipich 的结论相背离。他们认为之所以形成不同结论，原因在于时间和样本选择上的区别。Nelson 等（2008）较之于上述学者则有着更为独特和截然不同的观点。他们发现，安达信的诸多行业负面新闻早在销毁安然公司审计工作底稿之时就已经被新闻媒体予以曝光，特别是能源行业方面的负面新闻被披露的更多。研究结果显示，在绝大多数行业中安达信客户的市场报酬率异常反应程度与其他国际四大会计师事务所的客户并没有明显区别。他们更倾向于把安达信客户公司股价的异常波动和下跌原因归结为多方面综合因素所形成，而不仅仅是由声誉受损单方面原因所导致。由此可知，上述西方学者们的研究较多是基于客户公司股价的视角来考察审计师声誉的作用。这仅仅只能解释安达信客户公司股价的波动受到多种因素共同作用和影响。从某种程度上来说，安达信声誉受损对股价产生负面影响只是其中的一个因素（王兵、刘峰，2010）。

  安然事件之后，审计师声誉问题也逐渐引起诸多学者和国际社会的广泛关注。如方军雄等（2006）以"银广厦"为切入点研究了中天勤会计师事务所的客户公司在审计师声誉毁损后的市场反应；朱红军等（2008）考察了德勤的客户公司在"科龙电器"事件后股价的异常波动情况；Weber 等（2008）对毕马威会计师事务所在德国 ComROAD 公司会计丑闻后资本市场的反应予以了调查；Numata 和 Takeda（2010）则验证了普华永道日本分公司在嘉宝会计欺诈案之后客户公司的市场反应。上述学者的研究结果均显示，从市场反应来看，声誉损毁事件对这些公司产生了负面影响，且这种负面效应在多个国家的实证检验中得到了证实。

  上述研究表明，在审计师声誉因某项违规事件的发生而遭受毁损时，往往会引起一系列负面的市场反应，客户会因此质疑其审计质量，从而改聘其他高声誉的会计师事务所。继而，学者还将研究予以拓展和深入，思考审计师声誉毁损的发生是否会给该会计师事务所的其客户造成损失，是否会波及具有相似声誉的其他审计师。学者们对安达信的全球因客户因声誉毁损带来的溢出效应进行了检验。Hecker（2006）发现，Berardino 在美国国会公开承认对安然的审计过程中的存在错误判断，对安达信的德国客户造成负面影响，使客户公司的股票价格遭到冲击。同时，也引起其他"四大"会计师事务所客户股价发生小幅波动。而 Cahan（2009）等在对安达信销毁与安然有关资料并受到美国司法部指控这一事件进行研究后发现，安达信事件使其全球分所的累积异常收益显著为负，这表明声誉毁损也产生了连带效应。

2.3 文献述评

通过对有关会计师事务所人力资本特征、审计师声誉和审计质量等问题的现有文献进行回顾和梳理可知，国内外学者已进行了较为深入的理论分析和实证检验，研究成果较为丰富，却仍然存在着研究重心相对集中且结论并不一致的现象。文献对于会计师事务所人力资本特征的考察多集中在从学历水平、执业经验、年龄和后续教育等方面对会计师事务所组织绩效的影响层面。而对于人力资本特征与会计师事务所最根本的绩效审计质量之间的关系的研究相对较少，且研究大多集中在采用中国台湾地区的数据为样本开展实证检验，研究结论也相差迥异。例如，Cheng, Liu and Chien（2009）发现，会计师事务所用于培训方面的开支与审计质量之间正相关，而李建然和高惠松（2007）研究却并未发现培训支出与审计质量之间存在相关关系。同时，在市场上供需双方信息不对称的情况下，审计服务需求者普遍以审计师声誉作为衡量审计质量优劣以及选择会计师事务所的主要依据。审计师声誉问题也因此逐渐为中外学者所关注，学者们对审计师声誉的关注角度主要集中在审计师声誉的形成和作用机制以及市场对审计师声誉溢价或受损做出的反应等方面。整体而言，尚无较全面、系统性的文献研究审计师声誉如何影响审计质量并展开理论分析和进行实证检验。

虽然近年来，学者们对会计师事务所人力资本、审计师声誉、审计质量等问题进行了一系列有意义的探讨，但也存在一些不完善之处，有待后续的进一步研究。

首先，现有文献关于会计师事务所人力资本特征和审计质量的研究不够全面。已有学者大多从会计师事务所注册会计师比重、注册会计师年龄、执业经验、培训完成情况等因素等角度，分析和检验会计师事务所人力资本特征与审计质量的关系。研究基本集中在考察注册会计师的专业胜任能力与审计质量的关系，鲜有涉及与注册会计师独立性有关的人力资本因素对审计质量的影响。然而，独立性和专业胜任能力作为衡量审计质量的两个重要标准，二者缺一不可。如何考察影响注册会计师独立性的因素？注册会计师的职业道德、思想素质、政治面貌等因素是否会对独立性产生影响，进而影响审计质量？这些问题都有待于进一步考察。

其次，没有系统地研究和评价中国审计师声誉与审计质量的关系。现有文献对审计师声誉的研究较多集中在声誉损毁方面，而对于声誉溢价的研究相对较少，并且没有从审计师声誉毁损和溢价两个视角系统地进行检验和论证。如果将审计服务比作一种产品，那么由于该产品具有不可观测性的特点，将导致其质量难以辨别。因此，审计师声誉也就成为了检验和衡量审计质量一个有效方法。然而，审计师声誉不仅仅是作为衡量审计质量的一项标准，更是在激励审计师保持应有的独立性和确保审计质量自动履行方面发挥着无可替代的作用。同时，声誉理论在中国注册会计师审计层面的运行情况目前尚缺乏一个整体评价。

再次，尚未有文献考察审计师声誉在会计师事务所人力资本特征与审计质量之间的调节关系。没有考虑会计师事务所人力资本特征与审计师声誉是否具有一定的相关性这一问题，没有将审计师声誉作为人力资本特征的影响因素，进而影响审计质量进行实证研究。

最后，样本选择还存在以偏概全的问题，研究方法也还尚存瑕疵。例如：国际"四大"会计师事务所在美国以及其他一些类似的发达国家，拥有更高的市场声誉，也就能提供更高质量的审计服务。作为回报，四大会计师事务所也占据了大多数的市场份额，并收取了超额的溢价。这有可能会产生以偏概全的问题。同时，因学者们在研究方法上可能存在的缺陷和样本选取区间上的差异，对于审计师声誉的形成和溢价的根源问题仍未得出较为一致的结论并做出合理有效的诠释。从某种程度上说，审计质量在衡量时并不能完全绝对化。即使是人们印象中最有可能提供高质量审计服务、出具高质量审计报告的四大国际会计师事务所，对于不同期间、不同客户公司也采用了差异化战略。

上述这些都是目前研究鲜有涉及的问题，本书将探讨会计师事务所人力资本特征、审计师声誉与审计质量之间的关系，并运用中国上市公司的经验数据分别加以实证检验。一方面既可以对现有文献进行充实和拓展，另一方面也为会计师事务所、上市公司以及监管部门提供一定的建议和参考。

第3章 会计师事务所人力资本特征、审计师声誉与审计质量理论概述

3.1 基本概念界定

3.1.1 会计师事务所人力资本特征的内涵及其度量

1. 人力资本的概念

从现代企业理论可知，企业是由某种特别契约所构成，它包括物质资本和人力资本①两个要素。物质资本的拥有者通过向企业投入厂房、机器设备以及其他的生产资源来获取资本增值所带来的收益；人力资本的拥有者则通过投入自身的知识和劳动来获得相应的报酬。二者之间依靠双方认可的细致契约来组建形式各异的企业。人力资本所有者和物质资本所有者作为契约的双方当事人，拥有相互平等、相互独立的地位。企业的资本结构形式由它的生产性质所决定。股东和债权人提供给企业的物质资本分别形成了企业的所有者权益和债券人权益，而人力资本所有者提供给企业的人力资本形成了企业的人力资本权益。

20世纪60年代之前，关于人力资本问题的研究尚未引起理论界和专

---

① "人力资本"这一术语起源于20世纪初 Irving Fisher 所著《资本的性质与收入》一书中，历经50多年的发展，最终由经济学家舒尔茨形成了人力资本理论。

家学者们的关注，对于人力资本定义的界定也未形成一个比较明确的概念。"人力资本"相关理论的产生，可以追溯至舒尔茨在1960年美国举行的经济学年会上关于人力资本如何在经济增长过程中发挥效用的诠释。从此，学者们纷纷开始关注人力资本理论的研究和进展，并从不同角度对人力资本的定义予以概括和界定。概言之，以下三种观点具有一定的代表性：

一是以人力资本涵盖的内容为视角对其进行定义。舒尔茨认为："相对于物质和劳动力来说，人的知识技术水平以及其他各方面的能力在经济发展过程中的作用尤为显著。"此后，一部分学者将人力资本界定为劳务提供方拥有的知识和技术能力以及身体健康情况等方面的总体水平。另一部分学者则将人们的思想道德、社会活动力以及信誉水平等作为可能影响整体交易费用的因素纳入到人力资本的范畴。

二是以人力资本的形成途径为视角对其进行定义。贝克尔认为："人力资本是通过增加各种人力投资来实现未来消费能力和货币购买力上升所形成的资本"，利普塞和斯坦纳认为："人力资本是以知识技术等形式体现在个人身上的资本，与其他的物质资本有着本质的不同。"此外，学者们还从学历水平、后续教育、对否移民以及健康状况等方面的投资对人力资本的形成予以了具体细分。

三是在定义人力资本时将人力与资本二者结合起来。一些学者将人力资本定义为能给目前和今后带来收入和效应的资源。它存在于某些个体身上，反映其拥有的知识和技能情况，同时又表现出一定的投资与保值增值的特点。

上述观点从不同的角度对人力资本的定义予以了阐述。第一种观点主要从内容上对人力资本的定义做出了界定；第二种观点侧重于人力资本的形成途径，从投资性视角对人力资本进行定义；第三种观点将人力与资本两个方面予以结合，相对于前面两种观点来说较为全面。但没有将人力资本是反映产权主体相互间经济利益关系的重要手段，且以追求效用最大化为目标的本质表达出来。

综上所述，人力资本是一种生产要素，它是存在于人们自身的某种能力或素质，同时具有一定的特殊性。其既可以作为一个宏观范畴，又可以作为一个微观范畴。具体而言，人力资本并不是天生形成的，而是经过后

第 3 章 会计师事务所人力资本特征、审计师声誉与审计质量理论概述

天不断地学习和锻炼而形成的。其与个人紧密结合在一起,具有一定的经济价值并且能给未来创造超额收益的各种质量因素的汇集。这类质量因素涵盖多个层面,主要由思想文化知识、信息技术、工作经验、团队合作精神和社会关系等组成,具有可积累性、创新性、社会性和可变性等特点。人力资本的形成方式主要包括两个方面:一方面,为了提升个体素质而主动支付的各类投资款项或其他支出形成的人力资本;另一方面,非自觉或者非主动投资行为而形成的人力资本。由此可见,人力资本完全具备资本的特征,可以将其视为资本的一种形态。人力资本与物质资本相比,存在较多共性的地方。二者都包含投资行为,既具有经济价值,又能在未来产生剩余价值并获得利润分配的权利。

2. 会计师事务所人力资本特征内涵

作为审计活动的实施者,会计师事务所与一般的企业有所不同,其业务具有智力密集型的特殊属性。目前,大多数企业是在"资合"的基础上建立的,而会计师事务所则是在"人合"的基础上,凭借人的知识、技能和执业经验等组成的"智合"[①]型企业。由此可见,会计师事务所的投资主体是注册会计师。会计师事务所作为一种独立执业、自主经营为社会公众的利益服务的中介机构,主要是以智力作为其劳动投入。具体而言,表现为拥有执业资格的注册会计师凭借其专业知识技能和相关执业经验为客户公司提供审计服务和其他服务。与一般企业凭借货币资金或实物资产作为投入所不同,会计师事务所主要是依靠注册会计师的知识、经验、职业判断等智力资本作为投入。其产出的产品也非日常商品,而是注册会计师付出智力劳动所形成的审计报告。可见,由于会计师事务所的这种行业特殊属性,智力因素构成了其最重要的资产,在会计师事务所的投入产出中起着举足轻重的作用。然而,在这种特殊的投入产出条件下,"产品"是由注册会计师生产出来的,他们凭借其丰富的财务知识和长期积累的从业经验而形成该项劳动成果。这就意味着会计师事务所的劳动过程及其产品的质量从本质上而言属于一项智力服务,无法像其他工业产品那样易于测量。会计师事务所的员工凭借其智力劳动为会计师事

---

① "资合"与"人合"属于法律关系的划分,"人合"侧重于人与人之间的合作,"资合"侧重于投资者之间形成的法律关系。

务所提供服务并带来收益。这样一个特殊的行业属性，决定着在会计师事务所发展过程中，注册会计师的素质远比物质资本更为重要。

基于本书的研究目的，由于人力资本是决定着会计师事务所审计服务质量的关键性因素，故此将那些在市场开拓能力、行业专长、执业经验等方面具有一定专长的人员视为会计师事务所的人力资本。这些人力资源掌握了大量的知识和相关技术，并且在该领域具有一定的行业专长。注册会计师在审计过程中不仅需要具备书本上的专业知识，更需要具备一定的执业判断能力和发现有关风险的能力。诸如发现财务报表差错舞弊的重点、查账技巧等都离不开注册会计师的直觉与专业判断，这些属于他们的"专有知识"。此类特有的知识不易模仿，能够给拥有此类知识的人带来超额报酬。作为一种"智合"型的特殊行业，不同行业专长的人才构成了会计师事务所的人力资本。这其中既包括具有较强沟通能力善于开拓业务并赢得客户好评的职业经理，也包括在行业领域拥有一定专长的注册会计师。既有综合能力较为全面的通才，又有行业专才。他们的知识、技能和专长组成了会计师事务所的人力资本，也形成了会计师事务所最核心的资产。

3. 会计师事务所人力资本特征的度量指标

由于人力资本价值的量度具有一定的不确定性，因此难以评判其价值并进行度量。人力资本的价值究竟如何度量？会计师事务所的人力资本特征的度量指标又有哪些？这需要因行业而异，因时间而异。由于会计师事务所人力资本在形成过程的投入方式有所不同，在工作过程中带来的效益也将有所不同。会计师事务所高层管理人员主要依靠管理活动，为会计师事务所带来经营业绩；注册会计师则凭借其专业知识对客户的财务信息予以鉴证并出具高质量审计报告为会计师事务所赢得声誉和审计收费。对这些人力所付出的智力劳动过程，其价值难以具体量化和评价。同时，对于人力资本拥有者在经营过程或执业过程所付出努力情况也难以衡量，即人力资本效率的发挥程度难以准确把握。随着环境不断发生变化，难以预先进行判定的因素随时存在，而这些因素又会从不同角度影响会计师事务所人力资本发挥效用。因此，对人力资本的价值度量难以准确。

综合现有文献对人力资本特征构成的阐述，会计师事务所的人力资本是由会计师事务所员工的知识、经验、组成结构、思想品质与能力素质等构成。同时，鉴于会计师事务所"智合"的特殊属性，并综合以往学者们

第3章 会计师事务所人力资本特征、审计师声誉与审计质量理论概述

的成果,结合《会计师事务所综合评价办法》以及会计师事务所的具体情况,归纳总结出中国会计师事务所具体的人力资本特征的度量评价指标。具体如表3.1所示。

表3.1 会计师事务所人力资本特征度量评价指标

评价指标	注册会计师的年龄结构
	领军人才人数
	注册会计师人数
	新进员工的比例
	硕士及硕士以上学历人员人数
	员工的从业年限
	员工的执业经验
	员工的沟通能力
	员工的专业胜任能力
	注册会计师培训完成率
	注册会计师的政治面貌
	注册会计师在行业中的知名度

资料来源:根据《会计师事务所综合评价办法》整理。

此外,关于会计师事务所人力资本特征的度量评价,还需根据不同的基本特征类型分别予以量化。有些指标能够采用相对比率数据进行度量,如注册会计师培训完成率;有些指标却难以量化度量,诸如员工沟通能力、整体专业胜任能力等。整体而言,目前对于人力资本特征还是较多通过二分变量实施度量。首先,关于注册会计师专业学历的度量。学者们根据注册会计师接受专业教育所学专业是否为会计、审计或相关专业,设定二分变量。其次,关于注册会计师受教育程度的度量。学者们主要依据注册会计师是否具有硕士及以上学历或者本科及以上学历作为阀值,设定二分变量。再次,关于注册会计师年龄层次的度量。部分学者将注册会计师年龄阈值设定为40岁及以上,也有部分学者将标准定在其他年龄段,设定二分变量。最后,关于会计师事务所其他人力资本特征(如培训完成情况及政治面貌等),其度量原理也大都如此。

3.1.2 审计师声誉的内涵及作用机理

1. 审计师声誉内涵的界定

声誉作为一个信号,反映集体或个人的名声和荣誉。在资本市场中,声誉不仅为审计师所重视也备受投资者的广泛关注。

国际审计准则将"审计师"定义为执行审计业务活动的团队或个人。这既可指会计师事务所,又可指具体参与审计活动的人员。由此可见,关于审计师的定义分为狭义和广义两种解释:狭义的审计师范畴仅包括含审计师个人,而广义的审计师范畴既包括审计师个人又包括会计师事务所。从以往学者们关于审计师声誉的文献来看,涉及审计师声誉的研究时主要指广义概念(Nelson et al., 2008; Numata and Takeda, 2010)。本书所论述的审计师声誉也是指广义的审计师声誉。此外,由于"声誉"涉及面较广、涵盖的内容较多,不同学科领域对声誉有不同的具体描述。如战略学家将声誉作为"优势资源之间的竞争";经济学家将声誉视为"信号传递工具";组织行为学专家将声誉界定为"企业身份的重要标志";会计学家视声誉为"企业的一项特殊的资产",这些都从不同角度反映了人们对声誉的理解与认识程度。审计师声誉是信息使用者对其提供的审计服务质量给予的高度评价与支持,是会计师事务所最重要的资产(查道林和费娟英,2004)。审计声誉的内容主要涵盖以下五个方面:第一,高质量的审计服务。这既包括独立客观、不受外界干扰进行审计鉴证服务并提供高质量审计报告,又包括提供独特且具有核心竞争力的专业服务。第二,全面的综合能力。会计师事务所不仅需要大量高素质的行业专才,还要具备风险意识和资本实力等全面的综合能力,增强会计师事务所抵抗风险的能力,保持长期可持续发展。第三,独特的品牌专用性。审计师声誉是一种品牌资本,它能够为会计师事务所带来隐性的收益,反映在具体的业务活动中则是可以产生审计收费的溢价效应。规模较大的会计师事务所甚至可以达到30%以上的收费溢价(Craswell et al., 1995)。因此,树立品牌声誉可以给客户传递一种良好的信号,在客户的潜意识当中形成审计服务质量较高的印象,从而使会计师事务所的审计报酬得以增加。第四,合理的会计师事务所规模。一般情况下,高声誉审计师会给会计师事务所带来更多的收益和发展机会，进而使会计师事务所规模上升。一方面大型会计师事务所因其自身在业务上具有一定的规模，不会轻易受客户公司的干扰，对客户提供虚假的财务信息披露的意愿相对于中小型会计师事务所来说要更高。另一方面如果会计师事务所规模太大也会增加管理成本，造成声誉维护上的种种困难，使声誉机制难以充分发挥应有的效力。第五，长期的声誉积累。它表现为会计师事务所凭借其长期以来为信息使用者提供高质量审计服务而受到社会公众的认可与好评。

依据上述分析，可将审计师声誉定义为：信息使用者对会计师事务所与审计人员个人在遵循职业规范、有效抵制违规行为，切实维护投资者权益的行为做出的全面认知。这种评价方式是一种主观活动，其本质上作为评判审计师是否履行应尽的责任，是否切实维护广大社会公众的利益的一项依据。

2. 审计师声誉的形成机理

第一，审计契约具有不完全性。随着所有权和经营权的分离，两个目标利益不同的群体进行合作。为了使管理者获得所有者的信任，同时也为了能够更好地监督管理者是否有效履行经营服务契约，双方都存在聘请独立的第三方来对履约责任进行监督的意愿，审计契约关系便由此产生。审计也就成为了协调这种关系的一种较为有效的方式。然而，这种契约存在着较为严重的不完全性，这是由审计服务的特殊属性所决定的。总体而言，主要表现在以下四个方面：第一，市场对于审计服务质量的评价尚缺乏全面、统一的标准，进而造成难以对其进行精准的评价。相对于一般产品所而言，审计质量难以直接观察和测量，审计服务给信息使用者带来的效果也很难掌握。又由于审计师通过努力工作形成的最终产品是标准化格式的审计报告，这也就造成了难以事后观察产品最终的服务质量。虽然可以对审计服务的结果进行再鉴证，但会因此产生高昂的成本，增加相关各方的经济负担。第二，影响审计服务的不确定性因素相对较大。由于被审单位存在较大差异，审计服务又无法像工业产品那样通过制定精确的标准进行操作与控制，加之审计服务周期还要受到各方面因素综合影响，难以准确预判。因此，审计服务仍存在着较多的不确定性。第三，审计服务仍存在着较多的议价行为。审计服务的价格受多种因素影响，尽管监管部门制定了一般收费标准，但由于各种不确定因素的存在，审计收费会受到会计师事务所规模、注册会计师个人素质、行业竞争以及客户购买审计意见等多方面因素综合影响，这使得审计服务议价行为持续存在。第四，难以准确评判违约责任。审计契约难以像普通商品买卖那样予以完全细化，责任界定也相对较难。当审计失败发生时，面对法律诉讼该如何判定审计师的责任，如何确定责任的大小，就成为一个现实的难题。此外，审计契约关系由审计服务购买方、经营管理层及会计师事务所三方组成，这与一般的反映双方之间的契约关系有所不同。这种契约本质上是一种双重代理关系。由于投资者众多，不能够与审计师直接签订契约，因此聘请审计师的工作就由企业管理层来完成。故而，就形成了管理层付费聘请审计师对自己的财务行为以及相关行为进行鉴证的特殊局面。从某种程度上看，这种双重委托代理给客户公司和审计师之间审计意见购买与合谋提供了空间与可能性。

第二，信息不对称与机会主义的存在对审计师声誉提出了要求。由于"经济人"的逐利本性，导致机会主义产生。审计师的机会主义具体指在为投资者提供信息时存在故意误导、掩盖真相、歪曲事实，甚至串通欺瞒的行为。同时，由于信息不对称的原因又使得这种机会主义行为成为可能。机会主义行为主要有两大类型，分别为事前和事后机会主义行为。事前机会主义行为是指委托人在契约签订以前对代理人无法全面了解，只能根据代理人提供的信息对其能力和品德进行判断，然后参照市场平均报酬率对其进行聘任。这就有可能造成劣币驱逐良币现象，导致存在各种问题的代理人因自身问题不被发现反而被投资者聘用，这种现象又被称为"逆向选择"。事后机会主义则容易产生"道德风险"。契约各方由于难以对代理人进行有效监督，造成代理人可能通过降低劳动付出或减少其他投入的方式来追求自身效用最大化而损害委托方的利益。由于信息不对称现象在审计市场上普遍存在，而审计服务又不能像其他有形商品那样品质可以直接观测。这就决定着审计师在市场上比委托人了解更多的信息，也为审计师可能出现的机会主义行为创造了空间。由于委托人不完全清楚审计师的能力和水平以及是否具有良好的职业道德，一般根据市场平均收费情况来支付审计师的报酬，从而使优质的审计师不愿意承接低价格的业务，而那些审计服务质量较低的审计师却愿意承接这样的业务。最终可能导致整体审计质量出现下降的趋势，也使得委托人降低再次购买审计服务的愿意，审计市场收费水平进一步降低，进而形成恶性循环。

第三，审计师声誉机制促进了市场的履约行为。审计契约的内在缺陷问题需要一种自我监督的市场机制来有效抑制审计师的机会主义行为，同时通过市场机制使审计质量得以有效保证。相对于政府监管和法律诉讼这些强制性处罚手段来说，审计师声誉机制发挥作用属于一种内在的、自发的行为，能够以最低的成本解决信息不对称带来的违规和恶意串通等舞弊，有效降低会计师事务所面临法律诉讼的风险。同时，审计师声誉机制还通过声誉溢价起到了报酬上升和激励作用，这是强制性的监督和控制行为所不能达到的效果。

第四，审计服务质量难以度量。在审计服务以及审计师行为难以直观获得的情况下，审计服务的委托方通常会根据审计师过去执业所形成的声誉来预测其今后的执业行为是否规范和可靠。在市场竞争条件下，审计师的声誉或价值取决于以往提供审计服务的质量。审计人员立足于长远利益考虑，即使不存在其他的激励措施，也需要通过尽职尽责来对自身的执业行为负责。充分发挥专业技能并保持应有的独立性可以为其带来额外的声誉溢价收益，从而增加将来审计服务的回报率。此外，品牌、声誉还可以在一定程度上给会计师事务所提供质量保证，只要出现违规行为被客户知晓将可能被终止服务协议，甚至失去其他潜在的客户。声誉机制本质上是一个反映人力资本的信号，从激励与约束两个方面来发挥作用。良好的声誉能给审计师带来更大的市场份额，获取更多的审计收费，从而产生更大的溢价效应。声誉较差的审计师也会因不再被委托方信任而失去原有的客户于市场，最终在竞争中被淘汰。同时，也要清楚的认识到声誉的激励和约束作用不是永远持续增长、永无止境的。它会随着时间的推移带来贴现能力的减弱。相对于一般的审计师而言，高质量审计师因为过去良好的执业行为更容易树立品牌和声誉，也更侧重于从长远利益的角度来维持声誉。如果缺乏声誉机制激励，审计师可能没有动力去考虑长远利益。声誉从某种程度上为审计师着眼于长期高质量的审计服务提供了激励和动力，同时也让其效用得到充分发挥。

3. 审计师声誉的作用机理

投资者通过审计师声誉的高低来判定审计质量是否可靠，这不仅能够抑制信号扭曲、增加交易的透明度，还降低了交易成本。本书对审计师声誉的作用机理主要从以下两个角度进行分析。

一方面，审计师声誉的激励机理。从投资者的角度来看，声誉机制不仅能够帮助他们对审计服务的质量进行有效的识别并据此制定审计价格的标准，还有利于精准地查找并发现能够提供优质服务的审计师；从审计师角度来看，声誉机制增加了优质审计师执业行为的可信度，降低了审计师的机会主义行为和道德风险发生的概率；从社会公众的角度来看，高声誉审计能够增强财务信息的可靠性，有效降低代理成本，减少因信息不对称带来的各种风险，进而实现资源配置最优化。审计师声誉发挥效用主要体现为：首先，高声誉审计师能够在一定程度上抑制客户公司会计信息中的盈余管理程度，从而增加客户公司会计信息的相关性和可靠性，减少企业的代理成本；其次，高声誉审计师不仅能够有效减少股票发行方与持有者之间的信息不对称问题，增加对外发行股份的数额，降低原始股东的持股风险，还可以达到抑制股票折价发行的目的；最后，在客户公司知名度较低、融资相对较难时，选聘高声誉审计师可以实现债务融资成本降低的目的。由于注册会计师审计对于客户公司来说具有一定的经济价值，高声誉审计师出具的审计报告质量值得信息使用者信赖。因此，客户愿意支付比市场平均收费更高的价格来购买他们的服务。对于审计师声誉的创建方而言，声誉的树立是为了取得溢价收益，形成的回报必须要高于建立的成本。只有获得高于市场平均审计收费标准而产生溢价才能发挥声誉的激励作用。审计师声誉在建立时，因提供高质量审计服务相应需要发生更高额的相关成本。这不仅需要发生因质量要求提高而带来的各类人工费用的增加，还将因为出具非标审计意见带来失去现有客户或潜在客户而形成各项机会成本。审计师声誉的建立需在长期反复的交易，与客户不断地磨合并逐渐积累沉淀后才得以形成。由于人们对于高声誉产生高质量的一贯认识，发生审计业务时，良好的声誉能够带来审计收费的溢价。这既是对高质量审计服务产生高额成本的补偿，同时还可以充当审计师发生违规行为时的质量担保。概言之，声誉作为一种专属性的投资，只要形成之后，便为审计师带来将来"准租"的激励，促进审计师提升审计质量，对创建的声誉长期持续地进行维护。

另一方面，审计师声誉的约束机理。声誉溢价能够产生激励作用，有利于审计师为维护声誉在事前遵守相关法律规范来确保审计质量；而声誉受损后的惩罚与约束机制则对事后审计市场有效、良性地发展起到保证作用。如果认为建立了良好的声誉之后就可以在出现审计失败问题时免于相应的惩罚，那么审计师将失去持续维护声誉的动力。当审计师出现违规行为造成声誉毁损时，客户可能做出与其终止契约的决定。同时，同行业其他竞争者的存在也会导致市场上的潜在客户重新做出选择。只有审计师的违约成本远胜于违约带来的收益，声誉机制才能在市场上充分发挥约束作用。审计师声誉约束机制最大的震慑作用在于，屡次未能有效地维护声誉将会致使声誉的溢价效用逐渐丧失。这不仅危及未来的"准租"，而且还可能因长期忽略声誉的效用最终产生声誉毁损的严重后果。具体而言，资本市场上的广大投资者需要高质量审计来对公司经营管理者提供的财务报告予以鉴证。审计师声誉是他们评判审计质量的一种标准。一旦审计师声誉因某项违规事件的发生而遭受毁损时，往往会引起一系列负面的市场反应，客户会因此质疑其审计质量，从而改聘其他高声誉的会计师事务所。投资者也会"用脚投票"，将自己所持有的违规公司的股票予以抛售，导致公司股价因审计师声誉毁损而迅速下跌。这又将导致客户公司更换审计师，最终使声誉受损的审计师丢失原有的市场份额或者被客户公司以审计服务质量为由要求降低收费。

3.1.3 审计质量的概念及其度量

1. 审计质量的概念

随着中国资本市场的不断完善，人们逐渐将关注的目光投向企业财务信息是否真实、可靠，以及会计师事务所出具的审计报告是否公允、可信等问题上。然而，不断发生的财务造假以及审计失败事件却让人们对审计师的工作提出了质疑。因此，有效提升审计服务的质量是当前审计工作的重中之重。会计师事务所的审计服务涉及范围较广，涵盖验资、财务信息审计、清算重组审计等多个方面。会计师事务所充分发挥代理人的作用，做好审计工作，为广大信息使用者提供合理的审计鉴证意见对经济的长期发展意义深远。

审计质量反映审计服务工作的结果是否达到了应有的效果，具有广义和狭义之分。广义的审计质量涵盖的范围较广，不仅包括具体的审计项目，还包括与之相关的管理工作的质量；而狭义的审计质量仅指具体审计项目的质量。美国政府会计责任办公室（GAO）将审计质量定义为审计师依据审计准则严格制订审计计划、实施审计程序、获取审计证据，对被审计单位的财务报告信息予以鉴证并最终作出合理的评判。

对于审计质量的理解，学者们的观点略有不同。审计质量为注册会计师发现客户会计信息存在重大错报或漏报并予以披露的联合概率（DeAngelo，1981）。Anthony 和 Paul（1999）则认为审计质量是由注册会计师的专业胜任能力和职业道德品质所决定的。专业胜任能力决定注册会计师能否发现被审计单位存在的重大错报、漏报，而独立性则决定着发现问题之后能否对外报告。因此，存在供需双方两个不同的视角来评判审计质量高低，即客观的审计质量和信息使用者感受的审计质量。客观的审计质量，可依据审计师是否出具公允的审计鉴证意见来判定；信息使用者感知的审计质量，可以依据审计师声誉来判定，表现为审计师在市场上的认可度。由于审计的供需双方各自关注的重点和目标不同，因而对审计质量也有着不同的认识。从审计需求者的角度来看，因其无法直接观测审计师的监督职能是否有效履行，因而会依赖于对审计师过去已经鉴证的会计信息的历史评价，这就形成了审计师声誉对审计质量的评判标准；从审计供给者的角度来看，在审计师声誉既定的前提下，对客户公司进行监督的程度由市场竞争和风险水平所决定。声誉对审计供给方既可能产生激励效应，促进审计师提高审计工作的质量，又可能产生凭借声誉进行串通与合谋等违规行为，导致审计工作的质量与声誉发生背离。

2. 审计质量的影响因素

审计报告是反映审计质量高低的主要载体，被审计单位的财务信息因优质的审计报告而增添了可信度。现阶段中国会计师事务所正在不断做强、做大，审计质量对注册会计师行业的有序健康发展起着举足轻重的作用。尽管审计质量难以比较和观察，也无法对其进行准确和全面的判定，但通过审计质量的形成机制可以认识到，审计质量由审计供给、需求和制度背景三个因素共同决定，其中的任何一个因素都有可能影响最终的审计质量。

第一，审计服务的供给者即会计师事务所及注册会计师的综合情况是影响审计质量的一个关键因素。其中会计师事务所的品牌声誉、规模、行业排名、人员学历层次、执业经验积累、与客户沟通和谈判的能力、独立性以及入选行业领军人才培训计划人数等都从某一个侧面反映审计服务提供者的综合素质。

第二，审计服务的需求者即被审计单位及其管理层的综合情况和素质是影响审计质量的另一关键因素。其中被审计单位的行业发展现状、经营情况以及财务状况等决定着其财务报告风险的高低，将影响注册会计师的审计风险和审计质量。而被审计单位管理层在注册会计师执行审计过程中是否配合审计人员的工作、是否妨碍审计人员专业技能的发挥、是否出现不正当的干涉而影响审计人员的独立性并左右审计鉴证报告的意见类型等，也将对审计质量产生重大影响。

第三，相关的监管制度和审计市场环境也对审计质量产生重要影响。审计人员在执业过程中应遵循相关的法律、法规及监管制度来有效地履行审计义务。会计师事务所与注册会计师的行为受到审计市场制度的影响和制约。如果出现违规行为导致审计失败可能面临法律责任以及其他处罚。制度环境已成为了解和分析审计质量的重要因素。中国财政部、注册会计师协会、审计署、证监会以及相关司法机构在审计制度形成与完善的过程中都做出了不懈的努力，对审计质量起到了一定的保证作用。目前，中国已初步形成了政府相关部门监管与注册会计师行业自律相结合的监督体系。但受环境因素影响，监管不到位、行业自律实施不到位等问题依然存在，并对审计服务的质量造成一定的影响。

3. 审计质量的度量标准

审计质量为注册会计师发现客户会计信息存在重大错报或漏报并予以进行披露的联合概率（DeAngelo，1981）。但在实际工作中，信息使用者对审计报告的形成过程无法详细知晓与观测，评价审计质量也就缺乏统一的标准。在这种情况下，投资者因为掌握的信息有限，无法对审计报告的客观性和公允性作出完整的评价。为了考察注册会计师是否具备一定的专业技能和保持了应有的职业谨慎性，学者们从不同的角度来对审计质量予以衡量。总体而言，大致有以下五种度量标准。

第一，以审计意见类型作为审计质量衡量标准。该观点认为，审计质量是注册会计师发现客户会计信息存在重大错报或漏报并予以进行披露的联合概率。而"非标准"审计意见则意味着注册会计师保持了应有的独立性，可以表明审计质量相对较高。因此，较多学者以出具"非标准"审计意见的数量来作为衡量审计质量的标准。会计师事务所出具"非标准"审计意见的比例越高，则代表会计师事务所的独立性也相对越强，故而审计质量越高。然而，用审计意见的类型来衡量审计质量需要将目前的审计意见与预知的审计意见相对比，只有当目前出具的审计意见比预期的审计意见更严格时才能认为审计质量相对较高。同时，还必须满足会计信息的公允程度保持相对稳定与审计师的风险偏好保持相对不变等前提条件。在满足这些条件下"不清洁"意见才可以作为衡量审计质量的标准。

第二，以盈余管理水平作为审计质量衡量标准。信息使用者的决策受财务报告中盈余管理水平高低所影响。盈余管理是利用了会计监管的空隙进行利润操控的行为，会导致会计信息失真。根据Jones的定义，企业现金流量与各种应计利润共同构成净利润。为了有效对盈余管理进行度量，根据可操纵性程度，将应计利润细分为可操控性与非可操控性两个方面。大多数情况下，学者们通过可操控性应计利润来考察相关企业的盈余管理程度。

第三，以发生诉讼或受到制裁作为审计质量衡量标准。支持这种衡量标准的学者认为：经过注册会计师审计后的财务信息仍然存在重大错报或漏报，给信息使用者的决策带来误导从而受到损失时，会导致注册会计师因审计失败而遭到诉讼或接受制裁。审计质量是注册会计师发现管理层的违规行为并予以如实披露的概率。审计失败意味着注册会计师在审计活动中没有很好地履行监督财务信息的职责，从而也说明审计质量较低。当财务报表使用者因误导性的审计报告而造成投资失误并产生损失，将会因此提起诉讼。因此，审计质量高低与是否发生相关法律诉讼或受到制裁之间存在着一定的相关关系。

第四，以会计师事务所品牌声誉作为审计质量衡量标准。一方面，优质的审计服务可以提升信息使用者对品牌的认可度；另一方面，为了获取品牌声誉溢价带来的潜在客户和额外收益，会计师事务所也具有通过提升审计服务质量来增加品牌价值的动力。如果出现违规行为导致审计失败，造成审计质量严重低于预期的现象，审计师声誉也会因此面临毁损。最终可能失去现有或潜在的客户，甚至付出破产倒闭的沉重代价。从某种意义上说，品牌和声誉为会计师事务所进行的审计服务提供了担保，可以作为一种衡量审计质量的尺度和标准。用会计师事务所的规模及品牌声誉来衡量审计质量必须建立在两个基本前提条件之下：规模优势能够带来高质量的审计服务，而高质量的审计服务又能赢得声誉并创立品牌优势。但如果单独将品牌作为衡量审计质量的标准还应满足市场已有认可的品牌会计师事务所，审计监管是有效力的，审计风险足够大等基本条件。

第五，以会计师事务所规模作为审计质量衡量标准。通常，在相对较为成熟的资本市场上，规模较大的会计师事务所代表着具有优良的职业声誉和拥有更广大的客户群体。这些均可以表明注册会计师在专业胜任能力和独立性等方面具有一定的优势。同时，因为规模大、业务量较多等原因也使得大型会计师事务所不会轻易被某些客户所干扰或者与之合谋。从理论上说，会计师事务所规模越大，提供的审计服务质量也越高（De Angelo，1981）。大型会计师事务所从每一个特定客户处可能获得的报酬占整个会计师事务所总收入的比重相对较低，因此会计师事务所与客户合谋或串通舞弊的可能性就越小，审计服务的质量也就越高。会计师事务所的规模越大，越不会轻易受到外界的干扰，出具非标准审计意见的概率也就越高（吴昊旻，2015）。当然，运用该项指标度量审计质量还必须具备一定的前提条件，即存在一个充分竞争且有序的审计市场。

3.2 会计师事务所人力资本特征、审计师声誉与审计质量的理论基础

3.2.1 委托代理理论

随着工业发展，19世纪企业的规模不断发展壮大，拥有公司所有权的股东对于经营管理公司显得不能得心应手，急需专业人才来管理企业，职业的管理者由此诞生。美国经济学家伯利和米恩斯于20世纪30年代提出委托代理理论。他们认为企业的所有权与经营权会受到经济发展的影响而不断变化，专业化程度不断提升将促使两权分离。企业在这种两权分离的状态下，所有者委托具有一定专业特长和丰富管理经验的管理者来代替自

己参与企业经营管理活动，而所有者自己并不亲自参与到企业具体的经营活动当中去。因此，受托人基于直接参与企业经营管理的优势，更便于获悉关于企业经营成果和财务状况的一手资料。相对而言，对信息掌握更直接、更丰富的受托人，比起那些不涉及企业具体经营管理事务的委托人来说拥有一定的信息优势。通常情况下，在企业的经营管理活动中，委托人追求的是企业价值和股东利益最大化；而受托人追求的目标则是自身需求的实现和满足。当委托人给予的报酬和其他条件不能满足其聘请的职业经理人的各项要求时，这些职业经理人将可能采取牺牲委托人利益的方式来获取自身私利，导致委托人的长远利益受到损害。这即是通常所说的"道德风险"和"逆向选择"现象。委托人与受托人之间在自身利益和追求目标上的背离，将导致各自不同利益相关方为不断追求自身利益最大化而进行博弈。

委托代理也可以称之为是一种契约行为，签署契约的双方需遵守约定。委托人要求代理人按照委托方的要求开展活动，如果出现违约行为，代理人不但无法获得契约上的待遇和报酬，而且还可能承担责任甚至面临处罚。但代理人也有相应的权利，存在不完全遵照委托人的指令行事的可能。因为代理人拥有的信息较多，委托人出于各方面条件所限，无法及时有效地对代理人实施监管。这将有可能导致代理人出于自身的目的而做出有损于委托人切身利益的行为，这便形成了委托代理问题。委托代理理论即是针对这一现象进行的相关理论研究。

为了及时发现和减少代理人的逆向选择行为，注册会计师通过审计代理人提供的财务信息以及其他相关的隐性经济行为来考察代理人是否有效地完成代理任务，是否在接受委托期间恪守诚信、严格履约。因此，从本质上来说，委托代理是一项制约代理人投机行为，缓解委托人与受托人之间信息不对称局面相对有效的方法。

3.2.2 信息不对称理论

诺贝尔经济学奖获得者约瑟夫斯蒂格利茨、乔治阿克尔洛夫和迈克尔斯彭斯于20世纪70年代共同提出了信息不对称理论。该理论认为基于人们认知的局限性和有限理性，各方对市场信息的掌握存在不对等的情况。

第3章 会计师事务所人力资本特征、审计师声誉与审计质量理论概述

交易双方是在使用不完全信息条件下确定其交易的。获取信息相对较多的人员比获取信息相对较少的人员具有一定的优势，而这种信息优势将带来额外收益；信息占有量较少的人员将通过各种不断的努力争取从对方那里取得更多的信息。从某种程度上来讲，市场最终将达到一种相对均衡状态来减少信息不对称带来的弊端。公司制企业的特征是所有权与经营权相分离，而所有者与经营者之间由于信息掌握的程度各不相同，呈现出一种信息不对称状态。此类信息掌握和运用的不对称情况会导致经济效率下降，致使在进行市场交易时存在"道德风险"与"逆向选择"。

信息不对称理论认为在经济活动中，不同的人对于信息的了解和掌握程度有所区别。相对来说，能够获得充裕信息的人员，在市场中占据着优势地位，而信息匮乏的人员则处于比较不利的地位。在资本市场，投资者对投资对象的选择和投资金额的确定，主要依赖于上市公司对外披露的财务报告信息。公司的大股东或经营者为了给投资者展示良好的财务报告来降低外部融资成本，可能操纵公司的会计盈余。而经过操控的会计信息会进一步加大投资者和公司之间掌握信息量不对称的程度。由于中小股东和债权人无法有效地监督公司对已获得的外部融资资金的投入使用，所以在信息不对称情况下，大股东或者管理者也许会为了获取自身的收益而放弃投资低风险低收益的项目，而去投资高风险高收益的项目。信息不对称现象不仅表现在所有者与经营管理者之间信息掌握程度不一致，还表现在大股东与中小股东之间信息掌握程度不均衡。由此可知，委托代理产生了信息不对称现象，而信息不对称又在某种程度上加剧了委托代理问题。在企业的生产经营决策过程中，经营管理者与广大投资者、债券人以及其他相关人士之间的信息不对称问题将一直持续。

3.2.3 "深口袋"理论

现代企业理论将公司制企业视为由各种契约联合组成的具有共同利益的组织机构。在这个组织中公司股东与管理者、股东与债权人、管理者与员工之间都存在着交织的委托代理关系。但由于形成信息不对称的各种因素客观存在，使契约难以达到完美无缺的状态，这就为代理人凭借自身拥

有的信息优势而侵害委托人的利益提供了空间。反过来，这种信息不对称也可能导致委托人对代理人的信任度下降。总之，由于利益主体的需求在一定程度上存在着不一致，委托人和代理人的利益冲突也就难以避免。委托人希望代理人在工作上全力以赴来实现其自身利益的最大化，而代理人却往往站在自己的角度上希望以最小的付出来获得最大的效用和报酬。为了缓解这一矛盾冲突，更有效地抑制代理人的机会主义行为，就需要有一个独立的第三方机构来协调委托人和代理人之间的目标和利益冲突。此外，由于信息不对称的客观存在，委托人无法直接对代理人所做的具体工作进行一个全面地了解。这也使得代理人在工作上的付出可能无法为委托人所知晓，站在代理人的立场也需要有一个独立的第三方来证明自己工作取得的成绩。因此，审计的本质作用是协调委托人和代理人之间的利益冲突，从而使双方目标利益达到最大均衡化状态。

在实际生活中，审计人员被视为能降低信息不对称产生的风险，并且在风险真正发生时承担保险责任的人员。一方面，为了最大可能性地降低信息不对称性所带来的风险，增强信息使用者对财务报表一些隐含问题的了解，审计人员通过对财务报表是否公允、可靠予以辨识和确认，以达到查错揭弊的最终目的；另一方面，如果因审计人员的工作过失未能对某些舞弊行为予以察觉并揭示，法院会因此要求审计人员承担相应的赔偿责任。那么，委托人和代理人的风险就通过支付审计费用的方式转移到了独立的第三方审计人员身上，从而分散了其自身的风险。这即是西方所称的"深口袋"理论（The deep pocket theory），又被视为"保险理论"。审计需求之所以产生的动因，也正是基于信息不对称性条件下委托人和代理人之间无法协调的利益冲突产生的客观需求。降低相关信息风险与充当保险人的责任也即由独立的第三方——审计人员来承担。

3.2.4 信号传递理论

20世纪50年代末期美国学者John Linter基于对600多家上市公司财务负责人发放问卷调查后的统计结果，提出了关于公司收益分配的理论模型，并予以了实证检验。而后，Ross于1977年率先将信息不对称理论正式用于对资本结构和股利政策的研究当中。他假定公司的经营管理者拥有某些内部信息，这些信息对未来的投资收益和风险的影响至关重要，而股东对这些未披露的信息却并不了解，只能依靠公开披露的信息来对公司价值进行估值。其研究表明，拥有较多优质信息的管理层将通过向市场传递有关公司资本结构状况或股利发放政策等信息来引起广大潜在投资者的关注。西方其他学者的研究也证实了这一结论。在信息不对称条件下，公司通常采用对外宣告融资情况、利润总额与股利发放办法等方式向外界传递有关信息。相对而言，在公司传递出来的三类信息当中，股利宣告是值得投资者予以信任的信息。

审计具有增强财务信息可靠性和为广大投资者及其他相关人士提供一定范围内的合理保证两大职能。审计活动如何在信号传递过程中发挥作用，可以理解为在资本市场竞争的环境下，公司为了获得投资者青睐，就必须向市场传递能够反映其自身优势各种信息，审计则承担了这个功能。如果选择了审计，就是向市场传递了信号；如果审计，可以选择聘请大的或者小的会计师事务所，如果选择了大的会计师事务所，就是向市场传递了积极信号。因此，采用成本相对较高的审计活动来实现信号传递功能，在某种程度也增强了外界对公司信任程度。为了减少"逆向选择"行为，质地优良的公司会通过向资本市场传递客观、公正的财务信息的方式来实现。那些经过高素质的审计师鉴证以后传递到市场的财务信息，有利于优质公司区别于劣质公司，从而获得市场的高度认可以及最优的融资效果。

3.2.5 学习效应理论

学习效应在经济学上可以理解为，在过去的长期经济活动中会形成一定的经验，这些经验表现为具体工作当中的协同效应，并进而引起单位成本下降。具体而言，学习效应在经济活动中表现为公司的管理层或者其他员工在日积月累的经营活动中，通过不断地积累相关管理经验、总结以往产品生产和设计等方面的可改进之处，从而达到降低单位平均成本的目的。会计师事务所属于智力密集型行业，学习效应在此类行业则表现为，随着审计师学习效应增长，重复学习的成本下降。在实务工作中，审计师凭借过去长期开展业务工作积累了丰富的经验，并且由于经常聚焦于某些领域而形成了一定的行业专长，这些都是学习效应在审计活动中的表现形式。与此同时，随着学习效应发挥作用，会计师事务所甚至审计全行业在相关知识及行业专长上的优势也将逐渐凸显。

具体而言，某些审计师由于长期在一些特定的行业领域内从事审计活动，这将形成他们在这些行业较之于其他审计师拥有更为丰富的经验。这些审计师依靠过去的执业经历，了解和掌握了大量同类行业或相近行业的公司在生产经营方面的规律，然后凭借同行业在经营过程中有着某些相同或者相似情形的特点，将这些行业知识和经验集中起来，便于为日后在这些领域执业积累经验优势，最终形成在某些行业执业相对较为集中的状态。此外，会计师事务所智力密集型的特点，也会使得知识和技术能力反向促进其审计质量的提升，最终实现一定的规模经济效应，并从这些熟知行业的审计服务中获取超额报酬。概言之，学习效应促进了规模报酬的上升，而这种规模报酬效应反过来又提升了学习效应。

此外，审计作为一种典型的公共品，其公共品性质决定了其具有"越用越多"的特点。尽管这些知识和经验几乎不会产生复制成本，但却可以带来非常可观的潜在收益和效应。换言之，审计师长期从事某些特定领域的业务活动带来的学习效应是非常巨大的。于是，与之相匹配的"干中学"效应便应运而生。"干中学"效应认为，人们在生产经营与服务过程中形成经验积累，而积累的经验又包含了丰富的知识，为下一步更好地开展工作提供了帮助，进而形成一个良性循环。在注册会计师审计职业生涯中也可以连续发挥这种"干中学"效应。如果某些会计师事务所拥有一定的具备行业专长的审计师，那么就可能比其他会计师事务对特定行业存在的各种风险以及财务信息方面的要求了解的更为全面和深入。相对而言，这种行业专长也有助于审计师判定该行业存在的各种财务问题，进而查错揭弊。除了规模效应之外，在审计服务过程中持续坚持更新技术以及创新审计方法，增强审计服务的成效，还可以实现既保证审计质量又具有成本优势。尤其需要引起关注的是，在不同的审计服务提供者之间，由于所提供的审计服务在质量上存在差别，知识和经验的溢出效应则会给审计市场带来一定的辨识度，最终形成审计师品牌声誉效应。

3.3 会计师事务所人力资本特征、审计师声誉与审计质量之间关系机理分析

3.3.1 会计师事务所人力资本特征与审计质量之间关系的分析

相对于一般的企业而言,会计师事务所可以说是一个较为特殊的组织,其凭借为客户提供专业服务而获得报酬,进而实现其业务目标。会计师事务所存在的价值以及持续发展的根本目标体现为能够提供优质的审计报告以及其他相关服务。与此同时,高质量的审计服务和其他服务又离不开会计师事务所相关人员的专业胜任能力与独立性。这些专业人士拥有的知识技能、经验和思想品质即构成了会计师事务所的人力资本特征的重要组成部分(Pennings et al.,1998)。由此可见,相对于一般的工商企业而言,人力资本对于会计师事务所这样的知识型组织的作用甚至远远超过财务资本,其重要性也就不言而喻了。可以说,那些既具备专业胜任能力又在行业内具有良好职业声誉的审计人员才是会计师事务所最重要的资产。

对注册会计师审计质量产生根本影响的两大因素:一为注册会计师的专业胜任能力,即注册会计师能够发现财务信息存在违规问题的能力;二为注册会计师的独立性,即注册会计师发现违规或舞弊行为后予以披露的可能性。故此,本书在诸多反映会计师事务所人力资本特征的指标中,一方面选取了能较好地代表注册会计师专业胜任能力的几个指标,如注册会计师受教育水平(学历层次)、执业经验、培训(入选行业领军人才培训)等情况进行考察和分析;另一方面将政治面貌(注册会计师党员比例)作为考察注册会计师独立性的切入点,分析会计师事务所人力资本特征与审计质量之间的关系。

1. 会计师事务所的注册会计师学历结构与审计质量的关系

人力资本在经济增长过程中会形成一定的规模效应,即教育投资在某种程度上反映人力资本的素质,而知识的溢出效应又来自于接受教育获得

的知识，经济增长率的提高则来自于知识的溢出效应（Romer，1986）。学历又可以称之为学习经历，是指人们通过在正规教育机构中学习知识与技能而获得的一种经历证明。这也是衡量审计师接受教育程度的一种常见标准。人们的决策过程与接受教育程度密切相关。一般而言，教育水平越高，搜集与决策有关的信息就越齐全，对各种可能影响决策判断的偏差考虑也更充分，从而使决策更加稳健和谨慎（Lichtenstein and Fischoff，1977）。可以说，人们接受教育的程度与日后工作所获得的收益显著正相关，接受教育程度越高，带来的未来收益也就越高（Coleman，1993）。对于会计师事务所而言，注册会计师创造的价值是其收入增长的主要源泉。作为会计师事务所的主要人力资本，注册会计师的教育水平和学历结构是体现其专业胜任能力的关键因素，并将最终影响审计质量。

2. 会计师事务所的注册会计师执业经验与审计质量的关系

丰富的行业执业经验能够在一定程度上增强注册会计师的专业胜任能力，而专业胜任能力又是衡量审计服务优劣的两大关键因素之一，直接影响最终审计质量的高低。具体而言，作为"智合"型中介组织，注册会计师从接受审计业务到制订具体的审计工作计划，从审计业务开始实施到最终形成审计报告，都与注册会计师的行业执业经验有着密不可分的关系。尤其是注册会计师依靠在某一具体的专业领域的执业经验形成的行业专长，这种行业专长与经验的不断累积将促进其审计服务质量的提高，进而形成"学习效应"。学习效应可以理解为，在过去的长期经济活动中会形成一定的经验，这些经验表现为具体工作当中的协同效应，并进而引起单位成本下降。会计师事务所属于智力密集型行业，学习效应在此类行业则表现为，注册会计师学习效应增长，重复学习成本下降。在实务工作中，注册会计师凭借过去长期开展业务工作积累了丰富的经验，并且由于经常聚焦于某些领域而形成了一定的行业专长，这些都是学习效应在审计活动中的表现形式。与此同时，随着学习效应的广泛作用，会计师事务所甚至审计全行业在相关知识及行业专长上的优势也将逐渐凸显。

3. 会计师事务所的注册会计师党员比例结构与审计质量的关系

注册会计师审计作为一项对财务信息进行监督的重要手段，在加强会计信息披露的有效性、透明性以及保护投资者权益等方面，发挥着至关重要的作用，已成为加强公司治理有效的外部手段之一。然而，根据信息不对称理论，对于审计服务的需求者而言，由于审计鉴证工作具有一定的特殊性，且审计报告以标准化模式呈现，使得审计质量难以量化和考核，优劣难以辨识。审计质量为注册会计师发现客户会计信息存在重大错报或漏报并予以进行披露的联合概率（DeAngelo，1981）。专业胜任能力决定注册会计师能否发现客户财务信息存在重大错报或漏报，而独立性则决定着发现存在的问题之后能否予以揭示或进行公开披露。可见，审计质量不仅仅取决于注册会计师能够发现重大问题的专业胜任能力，更需要有发现问题后如实报告的职业行为。G. S. Monroe（2002）认为，独立性与审计人员的个人品质紧密相关，表现为工作中的诚实与正直，是思想行为的外在体现。因此，在审计服务这一特殊行业组织中，因信息供求双方对信息掌握程度呈现不对称状态，要求注册会计师正确处理委托人与审计服务需求者之间的关系，说实话、求实效，具有诚实守信、客观公正的思想素质。

中国共产党作为先进性组织，要保持先进性、忠诚性与正直性。党章要求共产党员具备这些优良品质。同时，在对申请人进行考察时，党组织也会严格把关，确保其思想上具有一定的先进性，有着正确的人生观和价值观。具备良好的思想素质是成为一名中国共产党员最基本的要求。而作为一名合格的共产党员更需要遵守国家法律、严守党章、讲规矩、守纪律、能够做到不断坚持自主学习，切实做好各项工作。符合这些标准的党员注册会计师有利于在工作中掌握科学的思想方法和工作方法，不断提高解决实际问题的水平和能力。这些标准和要求无形中有助于提高党员注册会计师的职业道德和审计独立性。目前，国内外学者围绕会计师事务所中注册会计师的政治面貌与审计质量之间的关系开展的研究相对较少。虽有少量学者进行过此类研究，但结论并不一致。叶琼燕和于忠泊（2011）考察签字注册会计师的政治面貌与审计质量之间的关系后发现，二者之间并不存在显著的相关关系。丁利、李明辉和吕伟（2012）认为，作为一种政治面貌和个人信仰，注册会计师专业胜任能力和独立性并没有因政治面貌而发生本质改变，因而不能说明二者之间存在相关关系。与此不同，Gul等（2013）的研究则显示，注册会计师政治面貌和党员特征与审计质量之间存在显著相关关系。故而，有关注册会计师的政治面貌与其提供的审计服务质量之间的关系值得本书去进一步研究与深入探讨。

4. 注册会计师入选行业领军人才培训情况与审计质量的关系

人力资本的投资由在正规学校接受学历教育和在职培训两大部分组成（贝克尔，1987）。作为人力资本投资的两大主要方式之一，在职培训对学历教育起着重要的补充作用。在职培训分为一般培训和专属培训，接受培训的企业和员工在产品质量和生产效率等方面将得到显著提高（贝克尔，2007）。财政部"注册会计师行业领军人才培训计划"是注册会计师行业在职培训的最高体现，也是反映会计师事务所人力资本特征一个重要指标。其选拔的条件依照高起点、高标准的要求进行，在全国高层次会计人员以及注册会计师中严格选拔，将诚实守信、发展潜力大、专业能力强的人员纳入培养计划。注册会计师入选行业领军人才培训计划的数量，一方面说明了该会计师事务所拥有较多综合素质高、业务能力强的行业高端人才；另一方面，也体现了会计师事务所对人才培养的重视，从各个方面给予人才发展的空间，才能吸引大批优秀人才加盟。毋庸置疑，参加该项高端人才培训计划对注册会计师的专业水平及独立性都将带来巨大的帮助。同时，注册会计师行业也可以在这些高端人才的带动下，执业水平和审计服务的质量得以提升。

3.3.2 审计师声誉与审计师质量之间关系的分析

1. 审计师声誉提高与审计质量溢价的关系

审计师声誉从某种意义上而言可以反映会计师事务所审计服务的质量，为公司投资者与潜在的投资者、债权人及相关监管部门有效辨识公开披露的财务信息提供了一种保证。在证券市场上，审计师被视为守护社会公众利益的"经济警察"。然而，由于审计的特殊属性使得其提供的产品——审计报告的质量难以被信息使用者鉴别与衡量。从某种角度看，审计服务的质量与二手车质量一样难以辨别。在信息高度不对称情况下，声誉机制便对信息使用者起到了鉴别服务质量优劣的信号作用。基于信息使用者对高声誉产品质量的信赖，他们通常愿意以更高的价格来获取优质的产品或服务。故而，审计师声誉溢价将引起审计收费的溢价效应，最终表现为市场份额增加与收入总额上升。为了更好地保持现有的客户并吸引更多潜在的未来客户，高声誉的大型会计师事务所有更强的动力去提供高质量的审计服务（DeAngelo，1981）。因此，规模相对较大且声誉相对较高的会计师事务所更有可能发现并且报告被审客户的违规行为。审计师之所以在执业中保持独立性是为了树立品牌声誉，良好的声誉要求审计师在发现违规行为时予以揭露。这可能会因此失去部分重要客户，短时期内可能还会产生一定的损失。然而，当这种声誉一旦建立，市场对其需求量便会不断上升，劳务报酬也随之上涨。因此，在相对成熟的资本市场上，审计师声誉越高，越能提供高质量的审计服务，同时也将获得审计收费溢价。

2. 审计师声誉受损与审计质量降低的关系

审计师声誉毁损将给会计师事务所带来一系列负面影响和不利后果。安然事件之后，审计师声誉问题也逐渐引起诸多学者和国际社会的广泛关注。Weber 等（2008）对毕马威会计师事务所在德国 ComROAD 公司会计丑闻后资本市场的反应予以了调查；Numata 和 Takeda（2010）则验证了普华永道日本分公司在嘉宝会计欺诈案之后客户公司的市场反应；方军雄等（2006）以"银广厦"为切入点研究了中天勤会计师事务所的客户公司在审计师声誉毁损后的市场反应；朱红军等（2008）考察了德勤的客户公司在"科龙电器"事件后股价的异常波动情况。上述学者的研究结果均显示，从市场反应来看，声誉损毁事件对这些公司产生了负面影响且这种负面效应在多个国家的实证检验中得到了证实。一旦审计师声誉因某项违规事件的发生而遭受毁损时，往往会引起一系列负面的市场反应。客户会因此质疑其审计质量，从而改聘其他高声誉的会计师事务所。投资者也会"用脚投票"，将自己所持有的违规公司的股票予以抛售，导致公司股价因审计师声誉毁损而迅速下跌。此后，学者还将研究予以拓展和深入，思考审计师声誉毁损的发生是否会给该会计师事务所的其客户造成损失，是否会波及具有相似声誉的其他审计师。

3.3.3 审计师声誉在会计师事务所人力资本特征和审计质量之间的调节效应分析

声誉作为一个信号，反映集体或个人的名声和荣誉。在资本市场中，声誉不仅为审计师所重视，也备受投资者的广泛关注。由于审计服务的行业特殊属性以及审计产品的质量难以鉴别的特性，使得审计师声誉成为鉴别审计质量高低的有效机制（Nelson，1970）。声誉较高的会计师事务所提供审计服务的质量相对而言优于声誉一般的会计师事务所。而审计师声誉受损则会带来严重的负面效应（Carter Richard et al.，1998）。

审计师声誉是一种信号，它反映会计师事务所人力资本在过去所提供的审计服务质量的高低程度。由于信息使用者偏好信赖那些具有良好声誉的审计师，因此高声誉审计师将更有可能获得审计收费溢价，且占据更多的市场份额；声誉受损的审计师也会因不再被投资者所信任而在市场竞争中被淘汰出局。依据信号传递理论，审计师声誉将对会计师事务所人力资本特征的形成带来一定的影响。具体作用路径为：审计师声誉→信号传递→人力资本特征→审计质量。具体而言，一方面，审计师声誉较高的会计师事务所，如国际"四大"会计师事务所和国内"十大"会计师事务所，由于其行业综合排名领先，具有相对更高的品牌声誉。这为审计师执业过程充分发挥专业技能与保持应有的独立性提供了更好的保障。会计师事务所具有这些优势将吸引一批高学历、具有丰富执业经验、高素质的优秀审计师选择加入。由于会计师事务所"人合""智合"的特点，优秀人才的加入将增强其实力，从而进一步提升审计服务的质量。另一方面，一旦签字注册会计师未能保持应有的独立性，对客户公司的违规行为也未能做到勤勉尽责的予以揭示，甚至与客户合谋，都将被监管部门处罚，所属会计师事务所也将因此受到牵连和处罚。中国证券监管部门及注册会计师行业协会将会对涉事审计师给予警告、罚款等处罚，情况严重的甚至被暂停执业资格等。审计师声誉也必将因此而受损。由此，将使得一些具有高学历、丰富执业经验、高素质的审计师选择加入其他声誉更好的会计师事务所，这将进一步导致审计质量降低。

总体而言，审计师声誉效应最终将促使优秀的人才选择那些适合发挥其专长和独立性的高声誉会计师事务所。审计师声誉进一步强化了人力资本对审计质量的作用机制。

第4章 会计师事务所人力资本特征与审计质量之间关系的实证检验

根据文献回顾可知，审计质量为注册会计师发现客户会计信息存在重大错报或漏报并予以进行披露的联合概率。其中，能否发现客户违规行为的概率主要与注册会计师的专业技能有关，而是否予以披露或报告问题的概率则取决于注册会计师的独立性。审计人员的专业知识和技能，与他们获得这些知识和技能的具体途径和时间无关。无论是学历教育还是在职培训获得的知识技能，无论被会计师事务所聘用前还是聘用后获得的执业经验，只要这些专业知识和经验能增强审计师发现客户财务信息存在违规的能力，能提升审计服务的质量，就应被会计师事务所视为一项重要的资产予以重视。此外，在接受的教育中职业道德教育也是其中一个重要的方面，无论学历教育还是后续培训，职业道德教育无不贯穿其中。专业人员接受相关职业道德教育有助于提高其独立性，进而提升审计工作的质量。概言之，会计师事务所人力资本特征与审计质量之间存在着某种紧密相连的关系。会计师事务所的人力资本特征不仅包含注册会计师个人的特征，还包括项目组、合伙人和会计师事务所等层面的人力资本特征。尽管注册会计师是审计项目的具体执行者，其个人的特征会影响审计质量的高低，但在整体审计工作中，审计意见的出具往往并非只是单个注册会计师所能完全决定的。从某种程度上看，会计师事务所层面的审计质量控制、审计方法与技术对审计质量的影响可能更为重要。基于上述原因，本书拟从会计师事务所层面探讨会计师事务所人力资本特征与审计质量之间的关系。

4.1 理论分析与假设提出

会计师事务所与一般的组织有所不同，其产品是对客户公司的财务信息提供鉴证意见而出具的审计报告。其核心竞争力是能够提供高质量审计报告的注册会计师。因此，可以说注册会计师是会计师事务所人力资源的核心，直接决定着审计质量的高低。注册会计师的专业胜任能力（即发现财务信息存在违规或错报、漏报的能力）和独立性（即发现违规行为后予以揭示的可能性），构成了影响审计质量的两个重要因素。考察审计质量的优劣与这两个关键因素息息相关。鉴于此，本书在诸多会计师事务所人力资本特征中，综合考量能够评价审计质量且能够予以量化的指标。一方面选取了注册会计师学历层次、执业经验以及入选行业领军人才培训计划情况等具有代表性的几个指标作为考察专业胜任能力的切入点；另一方面考虑到实质上的独立性受思想道德水平所影响，容易出现人为的操控，而且难以直接进行监督与考核。故将政治面貌（注册会计师党员比例）作为一项衡量注册会计师独立性的变量进行考察。通过这些指标，分析会计师事务所人力资本特征与审计质量之间的关系。

1. 会计师事务所注册会计师学历层次与审计质量

学历又可以称之为学习经历，是指人们通过在正规教育机构中学习知识与技能而获得的一种经历证明。人们接受的教育水平从某种意义上说可以说明其掌握的技术能力。这也是衡量审计师接受教育程度的一种常见标准。人们的决策过程与接受教育程度密切相关。一般而言，教育水平越高，搜集与决策有关的信息时就越齐全，对各种可能影响决策判断的偏差充分考虑，从而使决策更加稳健和谨慎（Lichtenstein and Fischoff, 1977）。学历能够反映个人接受正规教育的程度，而教育水平又在一定程度上影响个人的行为与最终决策。一般情况下，接受的教育尤其是专业教育越多，对于新思想、新知识的接受能力相对也越高，对环境的适应能力也越强（Wiersema and Bantel, 1992）。

总体而言，学历层次同样是对注册会计师接受教育水平高低的一种衡量，注册会计师的各种技能和决策水平也受到学历的影响。执业经验与学

第4章 会计师事务所人力资本特征与审计质量之间关系的实证检验

历水平和注册会计师所做的决策之间具有相关关系（Keller et al., 2007）。对于会计师事务所而言，注册会计师创造的价值是其收入增长的主要源泉。一般而言，注册会计师接受教育水平越高，其发现客户财务信息存在虚假或不实的能力也越高。学历水平一般可以定义为在政府认可的教育机构系统地接受相关知识和专业训练的学习过程，也可以视为一种学习经历。中国的会计学历教育体系从大专到博士层次，每个不同的层次都是为了培养适合不同社会需求的会计人才，整体构成了完整的学历教育体系。一般而言，注册会计师的学历水平越高，接受的会计、财务或审计相关专业知识越多，对专业知识理解的也更为全面和透彻，从而在审计过程中会更加谨慎地根据多方面信息综合思量后做出最后的决策。现有文献大多以拥有硕士学位人员所占比重作为二分变量来衡量学历水平，这对于中国注册会计师学历层次的划分而言，也同样适合。故提出假设4.1。

假设4.1：在控制其他因素的情况下，会计师事务所中注册会计师拥有硕士以上学位者所占比重越高，审计质量越高。

2. 会计师事务所注册会计师执业经验与审计质量

经验来自于过去的学习和工作获得的信息，并且经过不断地总结所形成。随着经验的不断积累，人们会对自己的行为进行不断的反思，对自身的定位和认识也会更加客观。学习效应在经济学上可以理解为，在过去的长期经济活动中会形成一定的经验，这些经验表现为具体工作当中的协同效应，并进而引起单位成本下降。DeAngelo（1981）发现，审计作为一项为委托人提供财务信息鉴证的服务，学习效应在审计活动中也发挥了作用。学习效应在审计过程中发挥效应可以表现为审计任期对审计质量的影响。审计任期与审计质量存在显著正相关（Johnson et al., 2002）（Myers et al., 2003）（Ghosh and Moon, 2005）。在实务工作中，审计师凭借过去长期开展业务工作积累了丰富的经验，并且由于经常聚焦于某些领域而形成了一定的行业专长，这些都是学习效应在审计活动中的表现形式。与此同时，随着学习效应的广泛作用，会计师事务所甚至审计全行业在相关知识及行业专长上的优势也将逐渐凸显。执业经验一定程度上可以反映其在该领域从业的时间和经验的丰富程度。注册会计师过去工作的经验或同一行业执业的相关经历对其有效识别和发现客户财务信息存在的违规问题发挥着重要作用。概言之，执业经验越丰富的审计师，发现客户财务信息存在问题的可能性越高。而且，累计执业经历较长的注册会计师也更为稳健，那些不道德的行为是他们所不愿去承受的（Deshpande, 1997）。他们出于谨慎因素会花费更长的时间做出决策，而做出决策往往离不开大量信息的支持（Taylor, 1975）。由此可见，注册会计师的执业经验与审计质量息息相关。故提出假设4.2。

假设4.2：在控制其他因素的情况下，会计师事务所中注册会计师累计审计年数的平均值越高，会计师事务所的审计质量越高。

3. 会计师事务所注册会计师党员比例与审计质量

中国古代哲学家认为，不仅要认识（知），尤其要实践（行），只有把"知"和"行"统一起来，才能称得上"善"。通俗地讲，"知"是指思想，"行"指一个人的实践。具体到注册会计师的"知行合一"，就是通过学习提高思想认识，并在现实工作和生活中用思想锤炼自身品行、指导自身行为。

注册会计师在执业过程中应秉承良好的职业道德，这是该行业必不可少的专业品质，也是对注册会计师独立性的客观要求。注册会计师职业道德要求其在审计过程中保持应有的职业谨慎，以独立、客观、公正的姿态和面貌执行审计业务，并发表无误导性的审计意见。形式上和实质上的独立是注册会计师在执行审计业务时必须具备的两大条件之一。形式上的独立要求以第三方的视角看注册会计师是独立的，其与委托单位之间不存在经济利益和重要人际关系。实质上的独立是衡量注册会计师思想素质的标准，这要求注册会计师在执行审计业务时保持客观的态度、不偏不倚、不受外界干扰。形式上的独立会受到独立审计准则和内部质量控制体系的制约，而实质上的独立由于属于内心精神世界范畴，既缺乏规范和条文限制，又不易被监督和控制。因此，易于受到注册会计师个人品质的影响。

注册会计师的审计行为均应受到独立审计准则所约束。准则要求注册会计师在审计活动过程中站在独立、客观、公正的立场上，保持应有的职业谨慎，恪守为社会公众服务的目标，出具高质量的审计报告。独立性是审计人员保持客观、公正执业行为的前提条件，它与审计人员自身的思想品质、道德标准紧密相关。加入中国共产党成为一名党员必须具备良好的思想素质，作为一名合格的党员则要求一贯坚守纪律、讲规矩，遵纪守法、恪守党章的要求，主动学习各项有利于做好工作的本领。符合这些标

第4章 会计师事务所人力资本特征与审计质量之间关系的实证检验

准的党员注册会计师在工作中运用其掌握的科学的思想方法和工作方法，不断提高解决实际问题的水平和能力，在实际工作中担当有为，做到"知行合一"。这对审计独立性与审计质量的提升有着重要的意义。然而，作为一种政治面貌，党员身份也并不一定对注册会计师的专业技能和知识水平形成显著影响。故此，有必要对党员注册会计师是否具有更高的独立性、是否拥有更强的专业胜任能力，是否能带来更高的审计质量予以考察。鉴于此，提出假设4.3。

假设4.3：在控制其他因素的情况下，会计师事务所中中国共产党员所占比重越高，其审计质量越高。

4. 会计师事务所中注册会计师入选行业领军人才培训计划情况与审计质量

人力资本投资有多种不同的方式，在职培训即是其中一项相对重要的方式。对会计师事务所的培训活动以及经过培训产生的效果进行考察，并分析其与审计质量之间的关系，对研究会计师事务所人力资本特征与审计质量问题有着重要的意义。然而，由于会计师事务所培训的详细信息和相关数据无法悉数获取，而会计师事务所综合评价信息榜中有关会计师事务所培训完成率的信息仅指按规定必须要完成的最低培训学时比率，这个数据在会计师事务所之间大体相同。财政部"注册会计师行业领军人才培训计划"的出台与实施，给审计市场提供了一个可以公开获得的培训数据，同时这也是一个因会计师事务所不同而具有差异性的数据。这为考察注册会计师行业培训与审计质量的关系提供了一个良好的机会。这是中国注册会计师行业中规格和要求最高的培训，也是反映会计师事务所人力资本特征一个重要指标。财政部2005年启动全国会计行业领军（后备）人才培训计划，首次提出在全国范围内，预计通过十年左右的时间，每批采用六年的培养周期，最终实现培养大约1000名各类型会计领军人才的目标。分别按照学术类、注册会计师类、企业类、行政事业类四个类别予以培养。其选拔过程采用"高起点、高标准、高质量"的要求确定报名条件，通过严格的程序予以遴选，从全国的注册会计师以及高层次会计人员中选拔诚实守信、专业水平高、潜力较大的人员予以培养。截至2017年底，累计招收41个班级1658名学员，毕业21个班级716名学员。注册会计师入选行业领军人才培训计划的数量，一方面说明了该会计师事务所拥有较多综合素质高、业务能力强的行业高端人才；另一方面，也体现了会计师事务所对人才培养的重视。从各个方面给予人才发展的空间，才能吸引大批优秀人才加盟。毋庸置疑，参加该项高端人才培训计划对注册会计师的专业水平及独立性都将带来巨大的帮助。同时，注册会计师行业也可以在这些高端人才的带动下，执业水平和审计服务的质量得以提升。基于上述分析提出假设4.4。

假设4.4：在控制其他因素的情况下，会计师事务所中注册会计师入选行业领军人才培训计划的人数越多，其审计质量越高。

4.2 变量定义与模型构建

4.2.1 变量定义

1. 审计质量

借鉴刘启亮和唐建新（2009）、Gul等（2013）及Chen等（2010）等文献研究经验，本书在主测试部分采用Jones模型（Dechow et al.，1995）计算公司可操纵性应计利润，并以其绝对值作为审计质量的替代度量。为了保证研究结论的可靠性，本书在稳健测试部分，分别采用业绩匹配的Jones模型计算公司可操纵性应计的绝对值、审计报告激进度等指标作为审计质量的替代度量，记为DA。具体计算方法如下所示：

第一步，计算总应计（TA）。

$$TA_{it} = NI_{it} - CFO_{it} \tag{4.1}$$

在公式（4.1）中，TA_{it}是i公司第t年的总应计；NI_{it}是i公司第t年的净利润；CFO_{it}是i公司第t年的经营活动产生的现金净流量。

第二步，计算非可操控性应计（NDA）。

$$NDA_{it} = \beta_0 + \beta_1 \frac{1}{A_{it-1}} + \beta_2 \frac{\Delta REV_{it} - \Delta REC_{it}}{A_{it-1}} + \beta_3 \frac{PPE_{it}}{A_{it-1}} \tag{4.2}$$

在公式（4.2）中，NDA_{it}是i公司第t年经过$t-1$年年末总资产标准化处理的非可操控性应计；ΔREV_{it}是i公司第t年的营业收入增加额；ΔREC_{it}是i公司第t年的应收账款增加额；PPE_{it}是i公司第t年年末的固定资产；A_{it-1}是i公司第$t-1$年年末的总资产，各变量除以A_{it-1}是为了消除公司规模的影响。

公式（4.2）中的参数β_0、β_1、β_2、β_3是使用行业截面数据通过下面公式估计得到公式（4.3）：

$$\frac{TA_{it}}{A_{it-1}} = b_0 + b_1 \frac{1}{A_{it-1}} + b_2 \frac{\Delta REV_{it}}{A_{it-1}} + b_3 \frac{PPE_{it}}{A_{it-1}} + \varepsilon_{it} \tag{4.3}$$

其中，b_0、b_1、b_2和b_3分别是β_0、β_1、β_2和β_3的估计值；ε_{it-1}是随机误差项。

第三步，计算可操控性应计（DA）。

用总应计减去非可操纵性应计，即可得到代表盈余管理程度的可操纵性应计（DA），采用其绝对值度量审计质量，公式如（4.4）所示：

$$DA_{it} = \frac{TA_{it}}{A_{it-1}} - NDA_{it} \tag{4.4}$$

2. 会计师事务所的注册会计师学历结构

叶琼燕和于忠泊（2011）、丁利、李明辉和吕伟（2012）等已有文献研究表明，审计人员的教育经历可能影响审计人员的行为，从而影响审计工作的质量。本书借鉴他们的研究经验，采用注册会计师中拥有硕士学历及以上的人员比例衡量会计师事务所的学历结构，记为Edu。[①]

3. 会计师事务所的注册会计师执业经验情况

根据已有研究经验，本书采用注册会计师的累计审计年数的平均值衡量会计师事务所的注册会计师执业经验情况，记为Exp。

4. 会计师事务所的注册会计师党员比例结构

根据已有研究经验，本书采用注册会计师中加入中国共产党的党员人数比例衡量会计师事务所的党员结构，记为CCP。

5. 会计师事务所的注册会计师入选行业领军人才培训情况

根据已有研究经验，本书采用注册会计师中入选行业领军人才的人数衡量会计师事务所的人才培养情况，记为$Lead$。

---

① 由于本书采用中国上市公司数据作为研究样本，所以本书采用各个会计师事务所中曾经担任上市公司年报审计业务并签字的注册会计师的学历情况代替会计师事务所的学历结构，职业经验及党员比例情况的度量，与之同理。

6. 控制变量

本书也将其他有可能影响审计质量的因素纳入检验模型中予以考察，主要涵盖诸如公司规模（*Size*）、现金流量状况（*CF*）、资产流动性（*QR*）、成长能力（*Grow*）、财务状况（*Lev*）、盈利状况1（*Loss*）和盈利状况2（*SP*）及市场表现（*ST*）；应收款情况（*RR*）、存货情况（*IR*）管理层效率（*MR*）、股权结构（*Top*1）、管理层权力集中度（*CC*）。会计师事务所层面的因素，包括会计师事务所变更（*Chg*）、会计师事务所任期（*Tenu*）。此外，还包括行业、年度变量。

所有变量说明详见表4.1。

表4.1　　　　　　　　　　变量说明

变量类别	变量名称	变量符号	变量说明
被解释变量	审计质量	*DA*	可操纵性应计数额的绝对值
解释变量	学历结构	*Edu*	会计师事务所硕士学历及以上注册会计师比例
	职业经验	*Exp*	会计师事务所注册会计师累计审计年数的平均值
	党员比例	*CCP*	注册会计师党员比例结构
	领军人才	*Lead*	入选行业领军人才培训人数
控制变量	公司规模	*Size*	公司总资产的自然对数
	财务状况	*Lev*	资产负债率，年末负债总额除以年末资产总额
	资产流动性	*QR*	速动比率，速动资产除以流动负债
	现金流量状况	*CF*	每股经营活动现金净流量
	成长能力	*Grow*	公司总资产增长率，公司年末总资产的增长额与年初资产总额之比
	盈利状况1	*Loss*	经营亏损取值1，否则取值0
	盈利状况2	*SP*	经营亏损取值1，否则取值0
	市场表现	*ST*	若被特别处理则ST取值1，否则取值0
	应收情况	*RR*	应收账款周转率，赊销收入除以应收账款期末余额
	存货情况	*IR*	存货周转率，主营业务成本除以平均存货余额
	管理层效率	*MR*	管理费用率，管理费用除以主营业务收入
	股权结构	*Top*1	第一大股东持股比例

续表

变量类别	变量名称	变量符号	变量说明
控制变量	管理层权力集中度	CC	董事长与总经理兼任取值1,否则取值0
	会计师事务所变更	Chg	会计师事务所变更取值1,否则取值0
	会计师事务所任期	$Tenu$	会计师事务所累计审计年数
	年度变量	$Year$	年度虚拟变量
	行业变量	Ind	行业虚拟变量

4.2.2 模型构建

为了检验会计师事务所人力资本特征与审计质量,本书借鉴以往的文献研究经验,构建 OLS 模型如式 (4.5) 所示:

$$DA = \alpha_0 + \alpha_1 Edu + \alpha_2 Exp + \alpha_3 CCP + \alpha_4 Lead + \sum \alpha_i X + \varepsilon \quad (4.5)$$

在模型 (4.1) 中,被解释变量 DA 表示可操纵性应计数额的绝对值,用以衡量审计质量高低。解释变量 Edu、Exp、CCP、$Lead$ 分别从学历结构、职业经验、党员比例、领军人才四个方面反映会计师事务所的人力资本结构情况。X 表示表4.1所示的控制变量组合。

4.3 实证分析与结果描述

4.3.1 样本选择

本书选取 2010~2015 年中国沪、深两市 A 股上市公司为研究样本,主要从万德(WIND)与国泰安(CSMAR)数据库获取样本公司财务数据。会计师事务所及注册会计师方面的信息则主要源自中国注册会计师行业管理信息系统、中国证券监督管理委员会以及"会计师事务所综合评价百强信息"所披露的信息进行手工收集和整理所得。本书遵循以往学者的研究惯例，剔除了金融及保险业上市公司、未披露年报审计师信息的上市公司以及财务数据缺失或异常的上市公司的数据，最终获得样本观测值数量为13240个。此外，本书对研究模型中的连续变量在1%和99%分位数进行了缩尾处理①。本书参照中国证监会《上市公司行业分类指引》进行公司所属行业的分类。其中制造业采取二级行业标准分类，其他行业采取一级行业标准分类。②

4.3.2 描述性统计

表4.2展示了模型（4.1）中变量的描述统计结果：第一，审计质量的替代测度变量可操纵性应计绝对值（DA）的均值约为0.063，标准差为0.059，中位数是0.045，最小值与最大值分别约为0.001和0.288，样本数据分布合理。第二，在会计师事务所的人力资本特征方面，注册会计师人员硕士以上学历结构（Edu）的均值约为14.8%，职业经验（Exp）约为8.3年，党员比例（CCP）约占70.8%③，领军人才（$Lead$）约为10.1。

在控制变量方面，公司规模（$Size$），会计师事务所的累计审计任期（$Tenu$）平均约为6年。

表4.2 描述统计

variable	N	mean	sd	p25	p50	p75	min	max
DA	13240	0.063	0.059	0.020	0.045	0.088	0.001	0.288
Edu	13240	0.148	0.0700	0.121	0.148	0.188	0	0.355
Exp	13240	8.307	1.978	6.686	8.429	9.441	2.111	14.270
CCP	13240	0.708	0.112	0.667	0.711	0.752	0.333	1

---

① 首尾1%截尾处理是指在被解释变量DA的1%和99%分位点进行截尾处理，避免极端异常值可能产生影响。

② 本书参照中国证监会《上市公司行业分类指引》进行公司所属行业的分类，其中制造业采取二级行业分类，其他行业采取一级行业分类。本书主要运用EXCEL 2013和SPSS 19.0进行数据处理和统计分析。

③ 通过手工收集中国注册会计师行业管理信息系统，对会计师事务所综合评价百强所列会计师事务所注册会计师个人信息数据分析得出结果。

续表

variable	N	mean	sd	p25	p50	p75	min	max
Lead	13240	10.12	9.554	3	7	13	0	34
Size	13240	21.97	1.270	21.05	21.80	22.69	19.44	25.81
Lev	13240	1.419	1.381	0.956	1.072	1.392	-1.571	9.986
QR	13240	1.971	2.768	0.635	1.072	1.991	0.150	18.21
CF	13240	0.335	0.794	-0.007	0.260	0.636	-2.504	3.338
Grow	13240	0.170	0.298	0.016	0.101	0.224	-0.267	1.814
Loss	13240	0.096	0.294	0	0	0	0	1
SP	13240	0.430	0.495	0	0	1	0	1
ST	13240	0.030	0.170	0	0	0	0	1
RR	13240	0.077	0.331	0.003	0.007	0.019	0.001	2.712
IR	13240	0.014	0.050	0.002	0.004	0.0070	0	0.420
MR	13240	0.103	0.092	0.049	0.081	0.123	0.010	0.626
Top1	13240	0.357	0.153	0.234	0.337	0.464	0.880	0.754
CC	13240	0.236	0.425	0	0	0	0	1
Chg	13240	0.093	0.291	0	0	0	0	1
Tenu	13240	6.364	5.043	3	5	9	1	23

4.3.3 相关性分析

表 4.3 展示了模型（4.1）中各变量之间的相关系数，左下方为 Pearson 系数，右上方为 Spearman 系数。第一，可操纵性应计数额的绝对值（DA）与会计师事务所的注册会计师人员的学历结构（Edu）、职业经验（Exp）、党员比例（CCP）、领军人才（$Lead$）至少在 10% 的水平上显著负相关，这初步说明会计师事务所的注册会计师人员的学历层次越高，职业经验越丰富，共产党党员比例越高及入选领军人才培养项目越多，可操纵性应计数额的绝对值越小，审计质量越高。第二，在控制变量方面，公司规模（$Size$）与可操纵性应计数额的绝对值（DA）显著负相关，说明公司规模越大，审计质量往往越高；公司现金流状况（CF）越好，审计质量往往越高。

表 4.3　　　　　　　　　　　　　相关系数矩阵

变量	DA	Edu	Exp	CCP	Lead	Size	Lev	QR	CF	Grow
DA	1	-0.026**	-0.015*	-0.030***	-0.058***	-0.097***	-0.0068	-0.051***	-0.13***	0.029***
Edu	-0.034***	1	0.12***	-0.037***	0.23***	0.0018	-0.0011	0.0020	0.0046	-0.0097
Exp	-0.032***	0.072***	1	-0.0085	0.12***	-0.052***	-0.026**	0.092***	-0.0088	0.0060
CCP	-0.043***	-0.088***	0.026**	1	0.0047	0.018*	0.013	0.0061	0.0096	-0.0038
Lead	-0.057***	0.13***	0.057***	0.060***	1	0.091***	-0.021*	0.032***	0.057***	0.018*
Size	-0.11***	0.027**	-0.072***	0.036***	0.073***	1	0.26***	-0.41***	0.22***	0.15***
Lev	-0.0050	0.0091	-0.021*	-0.010	0.00070	0.12***	1	-0.45***	0.021*	0.050***
QR	-0.062***	0.0083	0.027**	0.027**	-0.015	-0.31***	-0.18***	1	-0.015	0.079***
CF	-0.086***	0.0070	-0.021*	0.011	0.023**	0.19***	0.0083	-0.017*	1	-0.0014
Grow	0.074***	-0.017	0.015	-0.0056	0.0057	0.049***	-0.065***	0.055***	-0.063***	1
Loss	0.087***	0.000018	-0.019*	-0.020*	0.012	-0.060***	-0.17***	-0.10***	-0.11***	-0.18***
SP	-0.025**	0.0080	-0.0086	0.0061	-0.0057	0.082***	-0.062***	-0.10***	-0.10***	0.021*
ST	0.056***	0.0061	-0.058***	-0.012	-0.026**	-0.11***	-0.016	-0.045***	-0.058***	-0.10***
RR	0.060***	-0.015	-0.011	0.0079	0.0072	0.049***	-0.013	-0.061***	0.064***	-0.030***
IR	-0.012	-0.011	-0.0057	0.025**	0.027**	0.0034	-0.016	0.047***	0.080***	0.039***
MR	0.029**	0.016	0.020*	-0.029***	0.014	-0.37***	-0.11***	0.26***	-0.091***	-0.032***
Top1	-0.034***	0.039***	-0.056***	0.023**	0.035***	0.28***	-0.024**	-0.041***	0.085***	-0.040***
CC	0.017*	-0.0067	0.063***	0.020*	0.036***	-0.18***	-0.041***	0.15***	-0.043***	0.089***
Chg	0.035***	-0.0063	-0.12***	-0.0028	0.013	-0.015	-0.013	0.014	-0.013	0.011
Tenu	-0.0031	-0.039***	0.17***	-0.029**	-0.11***	0.17***	0.078***	-0.21***	0.050***	-0.12***

变量	Loss	SP	ST	RR	IR	MR	Top1	CC	Chg	Tenu
DA	0.071***	-0.025**	0.045***	0.044***	-0.072***	-0.051***	-0.037***	0.013	0.031***	-0.0089
Edu	0.0069	0.0011	0.0063	-0.0082	-0.021*	0.027**	0.032***	-0.0043	0.0019	-0.048***
Exp	-0.015	-0.0090	-0.055***	-0.064***	-0.012	0.055***	-0.051***	0.065***	-0.12***	0.17***
CCP	-0.016	0.0050	-0.013	0.0071	0.013	-0.016	0.017	0.0094	0.015	-0.031***
Lead	0.0032	-0.0045	-0.032***	-0.042***	0.017*	0.036***	0.044***	0.035***	0.027**	-0.11***
Size	-0.060***	0.077***	-0.10***	0.26***	0.069***	-0.45***	0.24***	-0.19***	-0.018*	0.20***
Lev	-0.36***	0.24***	-0.087***	0.087***	0.021*	-0.25***	-0.014	-0.095***	-0.016	0.17***

续表

变量	DA	Edu	Exp	CCP	Lead	Size	Lev	QR	CF	Grow
QR	-0.19***	-0.12***	-0.12***	-0.39***	0.057***	0.33***	-0.052***	0.17***	-0.0020	-0.25***
CF	-0.17***	-0.099***	-0.093***	0.23***	0.28***	-0.12***	0.12***	-0.043***	-0.019*	0.061***
Grow	-0.27***	0.028**	-0.15***	-0.11***	-0.067***	-0.074***	-0.0039	0.063***	-0.011	-0.088***
Loss	1	-0.28***	0.29***	-0.0058	-0.0072	0.10***	-0.062***	-0.024**	0.022*	0.037***
SP	-0.28***	1	-0.081***	-0.015	-0.073***	-0.088***	0.00036	-0.028***	0.0081	0.019*
ST	0.29***	-0.081***	1	0.022*	0.0068	0.081***	-0.068***	-0.015	0.044***	-0.0089
RR	-0.0061	0.0075	0.024**	1	0.21***	-0.38***	0.14***	-0.15***	-0.027**	0.22***
IR	-0.028**	-0.031***	-0.00041	0.024**	1	-0.26***	0.064***	-0.058***	0.0030	0.042***
MR	0.19***	-0.085***	0.15***	-0.041***	0.030**	1	-0.21***	0.13***	0.025**	-0.11***
Top1	-0.061***	-0.0042	-0.065***	0.037***	0.021*	-0.21***	1	-0.056***	-0.0012	-0.084***
CC	-0.024**	-0.028***	-0.015	-0.040***	-0.011	0.090***	-0.063***	1	0.0053	-0.13***
Chg	0.022*	0.0081	0.044***	-0.0078	0.010	0.037***	0.0038	0.0053	1	-0.47***
Tenu	0.028**	0.025**	-0.014	0.065***	0.013	-0.078***	-0.092***	-0.13***	-0.32***	1

注：*$p<0.05$，**$p<0.01$，***$p<0.001$。

4.3.4 多元回归分析

为了更好地检验本书假设 4.1 至假设 4.4，本书首先单独纳入会计师事务所的人力资本特征变量进行回归，然后综合纳入回归。从表 4.4 的多元回归结果可以看出：第一，将人力资本特征变量分别纳入回归模型时，以可操纵性应计数额的绝对值（DA）作为审计质量的替代测度变量，会计师事务所的注册会计师人员学历结构（Edu）的系数为 -0.021，在 1% 的水平上显著；注册会计师人员的职业经验（Exp）的系数为 -0.001，在 1% 的水平上显著；注册会计师人员的政治面貌为中共党员比例（CCP）的系数为 -0.017，在 1% 的水平上显著；注册会计师人员参加全国会计领军人才培养项目人数（$Lead$）的系数为 -0.0002，在 1% 的水平上显著。第二，将人力资本特征变量综合纳入回归模型时，Edu、Exp、CCP、$Lead$ 的系数仍然为负，且至少在 5% 的水平上显著。这些结果综合表明会计师事务所的注册会计师人员学历层次越高,执业经验越丰富,共产党党员比例越高及入选全国领军人才培养项目的人数越多,审计质量越高,支持本书假设4.1至假设4.4。

在模型的控制变量方面,公司规模变量（$Size$）的回归系数在1%的水平上显著为负,说明公司规模较大能够促进公司声誉保护、会计体系建设等,保证公司审计质量。

表4.4　　　　　　　　　　OLS回归分析

变量	模型4.1	模型4.1	模型4.1	模型4.1	模型4.1
Edu	-0.021*** (-3.01)				-0.018** (-2.48)
Exp		-0.001*** (-3.15)			-0.001*** (-2.70)
CCP			-0.017*** (-3.84)		-0.017*** (-3.66)
$Lead$				-0.0002*** (-4.23)	-0.0002*** (-3.54)
$Size$	-0.007*** (-14.97)	-0.008*** (-15.38)	-0.007*** (-14.96)	-0.007*** (-14.88)	-0.007*** (-14.82)
Lev	0.001** (2.18)	0.001** (2.04)	0.001** (2.09)	0.001** (2.14)	0.001** (2.04)
QR	-0.002*** (-8.20)	-0.002*** (-8.14)	-0.002*** (-8.11)	-0.002*** (-8.32)	-0.002*** (-8.13)
CF	-0.002*** (-2.68)	-0.002*** (-2.75)	-0.002*** (-2.69)	-0.002*** (-2.71)	-0.002*** (-2.77)
$Grow$	0.020*** (11.54)	0.020*** (11.66)	0.020*** (11.53)	0.020*** (11.51)	0.020*** (11.52)
$Loss$	0.016*** (7.80)	0.015*** (7.65)	0.015*** (7.76)	0.015*** (7.75)	0.015*** (7.66)
SP	-0.002* (-1.65)	-0.002* (-1.77)	-0.002* (-1.69)	-0.002* (-1.72)	-0.002* (-1.76)
ST	0.005 (1.61)	0.005 (1.50)	0.005 (1.60)	0.005 (1.60)	0.005 (1.55)

续表

变量	模型4.1	模型4.1	模型4.1	模型4.1	模型4.1
RR	0.005*** (3.10)	0.005*** (3.14)	0.005*** (3.16)	0.005*** (3.26)	0.005*** (3.23)
IR	0.013 (1.25)	0.013 (1.24)	0.014 (1.32)	0.015 (1.40)	0.014 (1.36)
MR	-0.012* (-1.82)	-0.013** (-2.03)	-0.013** (-2.00)	-0.012* (-1.96)	-0.013** (-2.02)
$Top1$	0.005 (1.38)	0.005 (1.33)	0.004 (1.30)	0.005 (1.39)	0.005 (1.45)
CC	0.001 (0.64)	0.001 (0.77)	0.001 (0.75)	0.001 (0.72)	0.001 (0.92)
Chg	0.006*** (3.39)	0.006*** (3.28)	0.006*** (3.39)	0.006*** (3.38)	0.006*** (3.09)
$Tenu$	0.000 (0.71)	0.000 (1.38)	0.000 (0.74)	0.000 (0.27)	0.000 (0.64)
$Constant$	0.231*** (20.76)	0.238*** (20.78)	0.240*** (20.95)	0.228*** (20.57)	0.248*** (21.08)
$Year$	控制	控制	控制	控制	控制
Ind	控制	控制	控制	控制	控制
R^2	0.071	0.071	0.072	0.072	0.074
F 值	24.69	24.71	24.84	24.92	23.90
N	13240	13240	13240	13240	13240

注：括号内是t值，***、**和*分别表示在1%、5%和10%的水平上显著相关。

4.3.5 进一步测试

已有学者研究发现，公司管理人员可能更倾向于正向的盈余操纵行为，因此本书在区分盈余操纵的方向做进一步分析。表4.5和表4.6列示了区分盈余操纵的方向之后的OLS回归结果显示：第一，在正向盈余操纵中，会计师事务所的注册会计师人员的学历结构（Edu）、职业经验（Exp）、党员比例（CCP）、领军人才（$Lead$）的回归系数都为负数，而且至少在 10% 的水平上显著负相关;第二,在负向盈余操纵中,仅 Lead 的回归系数在 1% 的水平上显著为负,Edu、Exp、CCP、Lead 的回归系数都为负但不显著。上述结果说明,会计师事务所人力资本特征对公司的正向盈余管理行为具备较好的解释力。学历结构层次越高、职业经验丰富及党员审计师越多、入选领军人才培养项目的高级人才越多,都有助于抑制公司通过应计项目向上调整利润的行为,但对负向盈余管理行为的影响不显著。

表 4.5　　　　　　　　　正向盈余操纵

正向 DA	模型 4.1	模型 4.1	模型 4.1	模型 4.1	模型 4.1
Edu	-0.029*** (-3.42)				-0.026*** (-2.93)
Exp		-0.002*** (-5.57)			-0.002*** (-4.94)
CCP			-0.023*** (-4.33)		-0.023*** (-4.18)
Lead				-0.0002*** (-2.65)	-0.0001* (-1.95)
Size	-0.006*** (-10.09)	-0.006*** (-10.74)	-0.006*** (-10.11)	-0.006*** (-10.07)	-0.006*** (-10.26)
Lev	0 (-0.93)	-0.00100 (-1.23)	0 (-1.04)	0 (-1.01)	-0.00100 (-1.21)
QR	-0.001*** (-6.02)	-0.001*** (-5.92)	-0.001*** (-5.98)	-0.001*** (-6.12)	-0.001*** (-5.90)
CF	-0.023*** (-26.55)	-0.023*** (-26.83)	-0.023*** (-26.66)	-0.023*** (-26.62)	-0.023*** (-26.86)
Grow	0.017*** (8.66)	0.018*** (8.84)	0.017*** (8.63)	0.017*** (8.61)	0.017*** (8.71)
Loss	-0.019*** (-7.08)	-0.020*** (-7.36)	-0.019*** (-7.13)	-0.019*** (-7.12)	-0.020*** (-7.44)
SP	-0.010*** (-7.44)	-0.010*** (-7.66)	-0.010*** (-7.52)	-0.010*** (-7.51)	-0.010*** (-7.68)
ST	0.009** (2.24)	0.008** (1.99)	0.009** (2.23)	0.009** (2.18)	0.008** (2.05)

续表

正向 DA	模型 4.1	模型 4.1	模型 4.1	模型 4.1	模型 4.1
RR	0.009*** (4.61)	0.009*** (4.67)	0.009*** (4.64)	0.009*** (4.71)	0.009*** (4.66)
IR	0.026** (2.05)	0.026** (2.06)	0.027** (2.14)	0.027** (2.16)	0.027** (2.14)
MR	-0.004 (-0.54)	-0.007 (-0.84)	-0.006 (-0.69)	-0.005 (-0.64)	-0.006 (-0.74)
Top1	0.002 (0.47)	0.002 (0.41)	0.002 (0.35)	0.002 (0.41)	0.002 (0.52)
CC	-0.0002 (-0.22)	-0.0003 (0.01)	-0.000 (-0.11)	-0.0002 (-0.17)	0.0002 (0.13)
Chg	0.009*** (3.99)	0.008*** (3.82)	0.009*** (3.97)	0.009*** (4.01)	0.008*** (3.67)
Tenu	0.000*** (2.62)	0.001*** (3.76)	0.000*** (2.60)	0.000** (2.36)	0.000*** (3.11)
Constant	0.212*** (15.59)	0.227*** (16.33)	0.224*** (16.04)	0.209*** (15.38)	0.241*** (16.89)
Year	控制	控制	控制	控制	控制
Ind	控制	控制	控制	控制	控制
R^2	0.174	0.176	0.174	0.173	0.180
F 值	34.96	35.53	35.17	34.82	33.94
N	6863	6863	6863	6863	6863

注：括号内是 t 值，***、**和*分别表示在1%、5%和10%的水平上显著相关。

表 4.6 负向盈余操纵

负向 DA	模型 4.1	模型 4.1	模型 4.1	模型 4.1	模型 4.1
Edu	-0.010 (-0.97)				-0.006 (-0.51)
Exp		-0.0001 (-0.18)			-0.00004 (-0.11)
CCP			-0.011 (-1.58)		-0.009 (-1.35)

续表

负向 DA	模型 4.1	模型 4.1	模型 4.1	模型 4.1	模型 4.1
$Lead$				−0.0003*** (−3.63)	−0.0003*** (−3.37)
$Size$	−0.010*** (−13.82)	−0.010*** (−13.82)	−0.010*** (−13.78)	−0.010*** (−13.71)	−0.010*** (−13.51)
Lev	0.002*** (3.70)	0.002*** (3.69)	0.002*** (3.67)	0.002*** (3.72)	0.002*** (3.70)
QR	−0.002*** (−5.17)	−0.002*** (−5.16)	−0.002*** (−5.11)	−0.002*** (−5.25)	−0.002*** (−5.18)
CF	0.022*** (19.92)	0.022*** (19.92)	0.022*** (19.91)	0.022*** (19.92)	0.022*** (19.90)
$Grow$	0.015*** (5.21)	0.015*** (5.23)	0.015*** (5.21)	0.015*** (5.22)	0.015*** (5.19)
$Loss$	0.043*** (15.26)	0.043*** (15.23)	0.043*** (15.24)	0.043*** (15.27)	0.043*** (15.27)
SP	0.006*** (3.83)	0.006*** (3.81)	0.006*** (3.82)	0.006*** (3.80)	0.006*** (3.82)
ST	0.003 (0.70)	0.003 (0.69)	0.003 (0.70)	0.003 (0.75)	0.003 (0.75)
RR	−0.0002 (−0.10)	−0.0002 (−0.08)	−0.0001 (−0.06)	0.0001 (0.03)	0.0001 (0.04)
IR	0.003 (0.19)	0.003 (0.20)	0.003 (0.21)	0.005 (0.30)	0.005 (0.29)
MR	−0.004 (−0.46)	−0.005 (−0.50)	−0.005 (−0.55)	−0.005 (−0.57)	−0.005 (−0.59)
$Top1$	0.005 (1.05)	0.005 (1.03)	0.005 (1.02)	0.006 (1.12)	0.006 (1.12)
CC	0.001 (0.53)	0.001 (0.54)	0.001 (0.58)	0.001 (0.60)	0.001 (0.64)
Chg	0.004 (1.33)	0.004 (1.35)	0.004 (1.34)	0.003 (1.28)	0.003 (1.23)

续表

负向 DA	模型 4.1	模型 4.1	模型 4.1	模型 4.1	模型 4.1
$Tenu$	-0.0002 (-1.14)	-0.0002 (-1.05)	-0.0002 (-1.12)	-0.0003 (-1.54)	-0.0003 (-1.52)
$Constant$	0.275*** (16.41)	0.275*** (15.89)	0.281*** (16.29)	0.273*** (16.35)	0.280*** (15.77)
$Year$	控制	控制	控制	控制	控制
Ind	控制	控制	控制	控制	控制
R^2	0.129	0.128	0.129	0.130	0.130
F 值	0.123	0.123	0.123	0.125	0.124
N	6377	6377	6377	6377	6377

注：括号内是 t 值，***、** 和 * 分别表示在 1%、5% 和 10% 的水平上显著相关。

4.3.6 稳健性测试

为增强研究结论的稳健性，本书进行了两个方面的稳健性测试。

1. 审计质量：盈余操纵的替代计算方法

本书采用 Kothari et al.（2005）修正的截面 Jones 模型，计算业绩匹配的可操纵性应计的绝对值（DA）作为审计质量的替代度量。表 4.7 的结果显示：会计师事务所的人力资本特征变量，注册会计师人员的学历结构（Edu）、职业经验（Exp）、党员比例（CCP）、领军人才（$Lead$）的回归系数都为负数，而且至少在 10% 的水平上显著负相关，与前述主测试的结果一致。表 4.8 和表 4.9 的结果显示：在区分盈余操纵的方向之后，仅在正向盈余操纵中，会计师事务所的人力资本特征变量 Edu、Exp、CCP、$Lead$ 的回归系数显著为负；但是，在负向盈余操纵中 Edu、Exp、CCP、$Lead$ 的回归系数大都为负但不显著，与前述主测试的结果一致。

表 4.7　　Kothari 模型的盈余操纵

DA	模型 4.1	模型 4.1	模型 4.1	模型 4.1	模型 4.1
Edu	-0.018*** (-2.70)				-0.015** (-2.14)
Exp		-0.001*** (-3.37)			-0.001*** (-2.97)
CCP			-0.015*** (-3.50)		-0.014*** (-3.29)
Lead				-0.0002*** (-3.93)	-0.0002*** (-3.33)
Size	-0.007*** (-14.13)	-0.007*** (-14.55)	-0.007*** (-14.13)	-0.007*** (-14.05)	-0.007*** (-14.05)
Lev	0.001** (2.10)	0.001** (1.97)	0.001** (2.03)	0.001** (2.07)	0.001** (1.97)
QR	-0.001*** (-7.05)	-0.001*** (-6.98)	-0.001*** (-6.97)	-0.001*** (-7.15)	-0.001*** (-6.97)
CF	-0.002*** (-3.82)	-0.003*** (-3.90)	-0.002*** (-3.84)	-0.003*** (-3.85)	-0.003*** (-3.92)
Grow	0.020*** (12.10)	0.021*** (12.23)	0.020*** (12.10)	0.020*** (12.08)	0.020*** (12.10)
Loss	0.007*** (3.63)	0.007*** (3.48)	0.007*** (3.59)	0.007*** (3.58)	0.007*** (3.48)
SP	-0.00200 (-1.56)	-0.002* (-1.68)	-0.00200 (-1.60)	-0.00200 (-1.63)	-0.002* (-1.68)
ST	0.005* (1.74)	0.00500 (1.63)	0.005* (1.73)	0.005* (1.73)	0.005* (1.66)
RR	0.004*** (2.63)	0.004*** (2.66)	0.004*** (2.69)	0.004*** (2.77)	0.004*** (2.75)
IR	0.019* (1.83)	0.019* (1.81)	0.019* (1.89)	0.020** (1.96)	0.020* (1.92)
MR	-0.026*** (-4.23)	-0.027*** (-4.43)	-0.027*** (-4.39)	-0.027*** (-4.35)	-0.027*** (-4.42)

续表

DA	模型4.1	模型4.1	模型4.1	模型4.1	模型4.1
$Top1$	0.004 (1.06)	0.003 (1.02)	0.003 (0.98)	0.004 (1.08)	0.004 (1.13)
CC	0.001 (0.75)	0.001 (0.90)	0.001 (0.85)	0.001 (0.83)	0.001 (1.03)
Chg	0.005*** (2.69)	0.004** (2.57)	0.005*** (2.69)	0.005*** (2.68)	0.004** (2.39)
$Tenu$	0.0001 (0.97)	0.0002* (1.66)	0.0001 (0.99)	0.0001 (0.55)	0.0001 (0.98)
$Constant$	0.214*** (19.99)	0.222*** (20.10)	0.222*** (20.13)	0.212*** (19.82)	0.230*** (20.32)
$Year$	控制	控制	控制	控制	控制
Ind	控制	控制	控制	控制	控制
R^2	0.063	0.063	0.063	0.063	0.065
F值	21.48	21.58	21.60	21.69	20.82
N	13240	13240	13240	13240	13240

注：括号内是t值，***、**和*分别表示在1%、5%和10%的水平上显著相关。

表4.8　　　　　　　正向Kothari模型的盈余操纵

正向DA	模型4.1	模型4.1	模型4.1	模型4.1	模型4.1
Edu	-0.025*** (-2.92)				-0.020** (-2.32)
Exp		-0.002*** (-6.40)			-0.002*** (-5.81)
CCP			-0.023*** (-4.26)		-0.021*** (-3.99)
$Lead$				-0.000** (-2.30)	-0.000* (-1.69)
$Size$	-0.006*** (-10.03)	-0.006*** (-10.75)	-0.006*** (-10.03)	-0.006*** (-9.98)	-0.006*** (-10.33)
Lev	0.0002 (0.39)	0.00002 (0.04)	0.0001 (0.31)	0.0001 (0.34)	0.00004 (0.09)

续表

正向 DA	模型 4.1	模型 4.1	模型 4.1	模型 4.1	模型 4.1
QR	-0.002*** (-6.04)	-0.001*** (-5.91)	-0.001*** (-6.01)	-0.002*** (-6.12)	-0.001*** (-5.86)
CF	-0.025*** (-29.06)	-0.025*** (-29.33)	-0.025*** (-29.14)	-0.025*** (-29.09)	-0.025*** (-29.36)
Grow	0.017*** (8.89)	0.018*** (9.13)	0.017*** (8.87)	0.017*** (8.86)	0.017*** (8.99)
Loss	-0.008*** (-3.18)	-0.008*** (-3.49)	-0.008*** (-3.24)	-0.008*** (-3.20)	-0.008*** (-3.50)
SP	-0.007*** (-5.05)	-0.007*** (-5.29)	-0.007*** (-5.12)	-0.007*** (-5.11)	-0.007*** (-5.29)
ST	0.00500 (1.50)	0.004 (1.26)	0.005 (1.49)	0.005 (1.45)	0.005 (1.32)
RR	0.007*** (3.80)	0.007*** (3.83)	0.007*** (3.85)	0.008*** (3.90)	0.007*** (3.88)
IR	0.037*** (2.92)	0.037*** (2.91)	0.039*** (3.06)	0.039*** (3.02)	0.038*** (2.99)
MR	-0.016** (-2.08)	-0.018** (-2.39)	-0.017** (-2.25)	-0.017** (-2.19)	-0.018** (-2.36)
Top1	-0.003 (-0.70)	-0.003 (-0.70)	-0.003 (-0.80)	-0.003 (-0.76)	-0.003 (-0.61)
CC	-0.001 (-0.53)	-0.0003 (-0.22)	-0.001 (-0.46)	-0.001 (-0.48)	-0.0002 (-0.14)
Chg	0.007*** (3.14)	0.006*** (3.01)	0.007*** (3.15)	0.007*** (3.15)	0.006*** (2.88)
Tenu	0.0003** (2.32)	0.0005*** (3.67)	0.0003** (2.29)	0.0003** (2.10)	0.000*** (3.06)
Constant	0.201*** (15.12)	0.219*** (16.10)	0.213*** (15.57)	0.198*** (14.92)	0.233*** (16.61)
Year	控制	控制	控制	控制	控制
Ind	控制	控制	控制	控制	控制
R^2	0.185	0.189	0.186	0.185	0.192
F 值	37.16	38.13	37.44	37.06	36.21
N	6753	6753	6753	6753	6753

注：括号内是 t 值，***、**和*分别表示在1%、5%和10%的水平上显著相关。

第4章 会计师事务所人力资本特征与审计质量之间关系的实证检验

表4.9　　　　　负向 Kothari 模型的盈余操纵

负向 DA	模型 4.1	模型 4.1	模型 4.1	模型 4.1	模型 4.1
Edu	-0.008 (-0.77)				-0.005 (-0.47)
Exp		0.0003 (0.94)			0.0004 (0.98)
CCP			-0.006 (-0.91)		-0.005 (-0.76)
Lead				-0.0002*** (-3.06)	-0.0002*** (-2.86)
Size	-0.010*** (-14.20)	-0.010*** (-14.08)	-0.010*** (-14.19)	-0.010*** (-14.12)	-0.010*** (-13.82)
Lev	0.001** (2.08)	0.001** (2.08)	0.001** (2.05)	0.001** (2.07)	0.001** (2.06)
QR	-0.001*** (-3.62)	-0.001*** (-3.63)	-0.001*** (-3.58)	-0.001*** (-3.71)	-0.001*** (-3.69)
CF	0.022*** (20.83)	0.022*** (20.85)	0.022*** (20.82)	0.022*** (20.80)	0.022*** (20.81)
Grow	0.015*** (5.48)	0.015*** (5.47)	0.015*** (5.48)	0.015*** (5.48)	0.015*** (5.44)
Loss	0.022*** (7.93)	0.022*** (7.96)	0.022*** (7.93)	0.022*** (7.89)	0.022*** (7.93)
SP	0.003** (2.12)	0.003** (2.13)	0.003** (2.11)	0.003** (2.10)	0.003** (2.13)
ST	0.008 (1.61)	0.008 (1.63)	0.008 (1.61)	0.008* (1.65)	0.008* (1.67)
RR	-0.001 (-0.28)	-0.001 (-0.27)	-0.001 (-0.26)	-0.0004 (-0.19)	-0.0004 (-0.20)
IR	0.003 (0.23)	0.004 (0.24)	0.003 (0.23)	0.005 (0.33)	0.005 (0.34)
MR	-0.022** (-2.45)	-0.022** (-2.45)	-0.023** (-2.50)	-0.023** (-2.52)	-0.022** (-2.48)

续表

负向 DA	模型 4.1	模型 4.1	模型 4.1	模型 4.1	模型 4.1
$Top1$	0.005 (1.12)	0.005 (1.11)	0.005 (1.10)	0.006 (1.18)	0.006 (1.18)
CC	0.002 (0.92)	0.001 (0.89)	0.002 (0.96)	0.002 (0.95)	0.002 (0.95)
Chg	0.004 (1.36)	0.004 (1.46)	0.004 (1.36)	0.003 (1.32)	0.004 (1.37)
$Tenu$	−0.000 (−0.52)	−0.000 (−0.02)	−0.0001 (−0.14)	0.0001 (0.00)	−0.0001 (−0.36)
$Constant$	0.272*** (17.06)	0.267*** (16.29)	0.275*** (16.80)	0.271*** (17.02)	0.270*** (−0.52)
$Year$	控制	控制	控制	控制	控制
Ind	控制	控制	控制	控制	控制
R^2	0.110	0.110	0.110	0.111	0.111
F 值	19.34	19.34	19.34	19.58	18.27
N	6487	6487	6487	6487	6487

注：括号内是 t 值，***、**和*分别表示在1％、5％和10％的水平上显著相关。

2. 审计质量：审计报告激进度

根据 Gul 等（2013）方法计算审计报告激进度（ARA），作为审计质量的替代度量。具体计算方法是：第一步，建立审计意见预测模型（1），估计审计师出具"非标准"审计意见的概率 P：

$$LN\frac{P(Opi=1)}{1-P(Opi=1)} = \alpha_0 + \alpha_1 lagOpi + \alpha_2 Size + \alpha_3 Debt + \alpha_4 Big + \alpha_5 Inv \\ + \alpha_6 Rec + \alpha_7 Age + \alpha_8 ROA + \alpha_9 QR + \alpha_{10} Loss \\ + \sum \beta_m year_m + \sum \lambda_n ind_n + \varepsilon \quad (4.6)$$

在模型（4.6）中，Opi 表示审计意见类型，"非标准"意见取值1，否则为0；$lagOpi$ 表示上年审计意见类型，"非标准"意见取值1，否则为0；$Size$ 表示公司规模，$Debt$ 表示资产负债率，Big 表示会计师事务所规模；Inv 表示期末存货占总资产的比例；Rec 表示期末应收账款占总资产的比例；Age 表示公司上市年数；ROA 表示资产收益率；QR 表示速动

第4章 会计师事务所人力资本特征与审计质量之间关系的实证检验

比率；Loss 表示公司是否亏损，净利润为负则取值 1，否则为 0。第二步：$ARA = (P - Opi)$，ARA 值越大则说明审计报告激进度越高，审计质量越差。

表 4.10 的结果显示：以审计报告激进度（ARA）作为审计质量的替代度量，会计师事务所的人力资本特征变量 Edu、Exp、CCP、$Lead$ 的回归系数都显著为负，说明会计师事务所的注册会计师人员学历结构层次越高、职业经验丰富及党员审计师越多、入选领军人才培养项目的高级人才越多，越有助于降低审计报告的激进度，提高审计质量，与前述主测试的结论一致。

表 4.10　　　　　　审计报告激进度（ARA）

DA	模型 4.1	模型 4.1	模型 4.1	模型 4.1	模型 4.1
Edu	-0.052*** (-2.68)				-0.049** (-2.46)
Exp		-0.002** (-2.21)			-0.001* (-1.80)
CCP			-0.036*** (-2.93)		-0.036*** (-2.94)
Lead				-0.0004** (-2.34)	-0.0003* (-1.71)
Size	-0.009*** (-6.71)	-0.009*** (-7.04)	-0.009*** (-6.73)	-0.009*** (-6.71)	-0.009*** (-6.63)
Lev	-0.004*** (-3.72)	-0.004*** (-3.82)	-0.004*** (-3.79)	-0.004*** (-3.76)	-0.004*** (-3.80)
QR	0.001* (1.69)	0.001* (1.72)	0.001* (1.75)	0.00100 (1.61)	0.001* (1.77)
CF	0.005** (2.47)	0.004** (2.41)	0.005** (2.46)	0.005** (2.44)	0.004** (2.41)
Grow	0.012** (2.54)	0.013*** (2.63)	0.012** (2.54)	0.012** (2.54)	0.012** (2.52)
Loss	0.028*** (5.14)	0.027*** (5.03)	0.028*** (5.11)	0.028*** (5.10)	0.027*** (5.04)

续表

DA	模型 4.1	模型 4.1	模型 4.1	模型 4.1	模型 4.1
SP	0.008*** (2.64)	0.008** (2.54)	0.008*** (2.59)	0.008*** (2.58)	0.008** (2.57)
ST	-0.128*** (-15.42)	-0.129*** (-15.49)	-0.129*** (-15.43)	-0.128*** (-15.43)	-0.129*** (-15.47)
RR	0.001 (0.12)	0.001 (0.16)	0.001 (0.17)	0.001 (0.23)	0.001 (0.19)
IR	-0.013 (-0.45)	-0.013 (-0.45)	-0.012 (-0.40)	-0.011 (-0.37)	-0.012 (-0.41)
MR	-0.283*** (-16.35)	-0.286*** (-16.52)	-0.286*** (-16.51)	-0.285*** (-16.47)	-0.285*** (-16.46)
Top1	0.007 (0.69)	0.006 (0.66)	0.006 (0.62)	0.007 (0.69)	0.007 (0.75)
CC	-0.006* (-1.92)	-0.006* (-1.81)	-0.006* (-1.84)	-0.006* (-1.87)	-0.006* (-1.72)
Chg	0.002 (0.47)	0.002 (0.42)	0.002 (0.49)	0.002 (0.49)	0.001 (0.28)
Tenu	0.001*** (4.19)	0.001*** (4.63)	0.001*** (4.23)	0.001*** (3.96)	0.001*** (4.12)
Constant	0.225*** (7.44)	0.238*** (7.62)	0.243*** (7.80)	0.220*** (7.26)	0.260*** (8.12)
Year	控制	控制	控制	控制	控制
Ind	控制	控制	控制	控制	控制
R^2	0.051	0.051	0.051	0.051	0.052
F 值	16.66	16.61	16.70	16.62	15.92
N	12753	12753	12753	12753	12753

注：括号内是 t 值，***、** 和 * 分别表示在 1%、5% 和 10% 的水平上显著相关。

4.4 本章小结

本章选取 2010~2015 年中国沪、深两市的 A 股上市公司为研究样本，

第4章 会计师事务所人力资本特征与审计质量之间关系的实证检验

以会计师事务所人力资本特征为切入点，考察会计师事务所人力资本特征对审计质量形成的影响。本书分析会计师事务所人力特征，主要从注册会计师学历层次、执业经验、党员比例以及入选行业领军人才培训计划人数等指标考察其对审计质量的影响。本书在主测试部分采用 Jones 模型（Dechow et al., 1995）计算公司可操纵性应计利润（DA），并以其绝对值作为审计质量的替代度量。

研究结果显示：（1）在全样本视角下，这些结果综合表明会计师事务所的注册会计师人员学历层次越高，执业经验越丰富，共产党党员比例越高及入选全国领军人才培养项目的人数越多，审计质量越高。（2）本书在区分盈余操纵的方向做进一步分析，发现会计师事务所人力资本特征对公司的正向盈余管理行为具备较好的解释力。学历结构层次越高、职业经验丰富及党员审计师越多、入选领军人才培养项目的高级人才越多，都有助于抑制公司通过应计项目向上调整利润的行为，但对负向盈余管理行为的影响不显著。（3）通过稳健性测试，对审计质量采用盈余操纵的替代计算方法测试。一是，采用计算业绩匹配的可操纵性应计的绝对值（DA）作为审计质量的替代度量，消除其他变更因素可能产生的影响，多元回归分析结果与主测试基本一致。二是，以审计报告激进度（ARA）作为审计质量的替代度量，会计师事务所的人力资本特征变量 Edu、Exp、CCP、$Lead$ 的回归系数都显著为负，说明会计师事务所的注册会计师人员学历结构层次越高、执业经验丰富及党员审计师越多、入选领军人才培养项目的高级人才越多，越有助于降低审计报告的激进度，提高审计质量，与前述主测试的结论一致。

第 5 章 审计师声誉与审计质量之间关系的实证检验

《史记三王世家》载曰:"臣不作福者,勿使行财币,厚赏赐,以立声誉,为四方所归也"。由此可见,声誉对于组织、对于个人都起着极其重要的作用,审计人员亦如是乎。所谓"声誉",也可以称之为名声和美誉,即个人或组织在特定的社会关系中被社会群体就其能力、价值、品质与地位等做出的肯定评价。通常情况下,声誉系统是一种机制,它通过某种信号甄别出高质量的产品,并以高于同类产品的价格在市场上予以反映出来。注册会计师审计作为审计的三大主力之一,审计师声誉是对其在过去的执业经历以及是否遵守审计准则、是否保持应有的独立性方面得到的整体评价。在资本市场存在信息不对称的情况下,而审计质量又不像一般商品那样易于观察,于是审计师声誉就成为了广大社会公众判定审计质量高低的重要标准。在成熟的资本市场上,对高质量审计的需求源于市场的自发行为。审计师声誉机制一方面形成了对高质量审计服务的激励作用,另一方面也形成了对审计失败的约束作用。鉴于此,本书分别从审计师声誉受损、审计师声誉溢价两个视角,对审计师声誉与审计质量之间的关系进行研究。

5.1 理论分析与假设提出

1. 审计师声誉受损与审计质量的关系

基于审计服务特殊性和专有性的特征,审计服务形成的产品其质量无法像一般的商品那样可以完全量化和观测,审计服务的委托方或需求方无法准确地对审计服务的质量进行预判(Nelson, 1970)。同时,审计市场激烈的竞争态势和投资者对审计服务质量需求水平不均等原因，使得审计师声誉的建立与维护成为一个漫长的过程，而声誉的损毁却又是非常容易的。

在不断循环往复的审计过程中，市场将对审计师声誉形成一种"一旦黑，永世黑"的一触即发的态势（Klein and Leffler，1981）。人们事先将所有的审计服务假定为具有同等的质量水平，即能够满足审计准则对审计质量的最低标准。只要审计失败事件出现就立刻降低对未来审计质量的预期，将审计师未来所有的服务都按惯性认定为低质量审计。故此，只要审计师提供服务的某一家客户公司存在财务舞弊行为被广大信息使用者知晓，审计师的职业声誉也将彻底遭到毁损，原有客户也转而改聘其他声誉良好的会计师事务所。审计师声誉下降或毁损将导致广大社会公众严重质疑审计服务的质量，从而降低市场对审计服务在解决委托代理问题上的预期。一旦审计师声誉因某项违规事件的发生而遭受毁损时，往往会引起一系列负面的市场反应，客户会因此质疑其审计质量，从而改聘其他高声誉的会计师事务所。投资者也会"用脚投票"，将自己所持有的违规公司的股票予以抛售，导致公司股价因审计师声誉毁损而迅速下跌。Chaney和Philipich（2002）发现在安达信公开表明销毁安然公司审计工作底稿几天之后，受投资者对安达信审计质量期望值急剧下降影响，它的其他客户公司同样受到了负面的市场冲击。如方军雄等（2006）以"银广厦"为切入点研究了中天勤会计师事务所的客户公司在审计师声誉毁损后的市场反应；朱红军等（2008）考察了德勤的客户公司在"科龙电器"事件后股价的异常波动情况。上述学者的研究结果均显示，从市场反应来看，声誉损毁事件对这些公司产生了负面影响，且这种负面效应在多个国家的实证检验中得到了证实。基于上述分析，提出本书的假设5.1：

假设5.1：在控制其他因素的情况下，会计师事务所审计师声誉受损，提供的审计服务质量相对更低。

2. 审计师声誉溢价与审计质量的关系

从经济学上看声誉溢价是一种的信号，Shapiro在"声誉溢价——高质量产品的回报"一文中首先对声誉理论予以详细阐述。假定市场处于完全竞争的条件下，那么各种将要被出售的商品的质量在取得该产品之前已经完全被顾客知晓，产品的各种信息完全依靠直观的观察就能清楚辨识。然而，如果需求者在取得服务之前对产品质量无从知晓，就必须依靠外界的评价也就是声誉来对商品的质量予以判断。声誉溢价一方面对声誉创建者提供高质量产品或服务给予了一定程度的补偿；另一方面也促进了声誉拥有者为维护声誉投资带来的利益而继续保持高质量产品的动力，同时也为消费者辨别产品质量优劣提供一个有效的信号。声誉溢价现象可以从一定程度上表明市场在完全竞争和信息不对称情况下，高质量、高价格的均衡得以实现。

De Angelo（1981）、Francis（1984）和 Dye（1993）等提出了审计声誉溢价理论。他们认为，相对于小规模会计师事务所而言，规模较大的会计师事务所具有更强的独立性，更能对客户的不当干扰予以抵御。声誉带来的溢价效应是对提高独立性并获取高声誉付出的努力的一种补偿。此外声誉机制也是其在未来继续严守法规、抵御各种不正当要求的有力保证。这是因为声誉带来了会计师事务所与客户之间未来将要发生的"准租"，会计师事务所必然为了获得这些"准租"继续维护声誉，保持高质量的审计服务。为了避免失去这些"准租"，规模较大的会计师事务所在维护自身建立的声誉方面有着更大的动力。同时，对于大型会计师事务所而言，每一个客户带来的"准租"相对总体而言所占比例不大。因此，也不会惧怕因坚持独立性带来某一客户流失的后果，更有可能坚持独立性。对审计质量要求相对更高的公司在出现声誉受损事件时，市场对其审计质量的认可程度急剧下降，也将产生更高的异常负报酬。市场对审计质量的了解主要是通过观察审计师声誉而得到，客户股价也因声誉变化而波动。故此，为了更好地保持现有的客户并吸引更多潜在的未来客户，高声誉的大型会计师事务所有更强的动力去提供高质量的审计服务（DeAngelo，1981）。基于上述分析，提出本书的假设 5.2：

假设 5.2：在控制其他因素的情况下，会计师事务所审计师声誉越高，提供的审计服务质量相对更高。

5.2 变量定义与模型构建

5.2.1 变量定义

1. 审计质量

借鉴刘启亮和唐建新（2009）、Gul 等（2013）及 Chen 等（2010）等

文献研究经验，本书在主测试部分采用 Jones 模型（Dechow et al., 1995）计算公司可操纵性应计利润并以其绝对值作为审计质量的替代度量。为了保证研究结论的可靠性，本书在稳健测试部分，分别采用业绩匹配的 Jones 模型计算公司可操纵性应计的绝对值、审计报告激进度等指标作为审计质量的替代度量，记为 DA。具体计算方法在第四章做了说明，详见前述所述。

2. 审计师声誉受损

根据已有研究经验，本书对审计师声誉受损的界定是以会计师事务所在当年被中国证券监督管理委员会等监管部门处罚，视为声誉受损则 Sanc 取值 1，否则 Sanc 取值 0。

3. 审计师声誉溢价

根据现有的研究经验，本书采用中注协公布的会计师事务所综合排名信息来衡量审计师声誉溢价（记为 Rep），Rep 数值越大表示排名数越大，审计师声誉溢价越小；反之，Rep 数值越小表示排名数越小，审计师声誉溢价越大。

4. 控制变量

本书也将其他有可能影响审计质量的因素纳入检验模型中予以考察，主要涵盖诸如公司规模（SIZE）、现金流量状况（CF）、资产流动性（QR）、成长能力（GROW）、财务状况（LEV）、盈利状况 1（LOSS）和盈利状况 2（SP）及市场表现（ST）；应收款情况（RR）、存货情况（IR）管理层效率（MR）、股权结构（TOP1）、管理层权力集中度（CC）。会计师事务所层面的因素包括会计师事务所变更（CHG）、会计师事务所任期（TENU）。此外，还包括行业、年度变量。

所有变量说明详见表 5.1。

表 5.1　　　　　　　　　变量说明

变量类别	变量名称	变量符号	变量说明
被解释变量	审计质量	DA	可操纵性应计数额的绝对值
解释变量	审计师声誉受损	Sanc	声誉受损则 Sanc 取值 1，否则 Sanc 取值 0
	审计声誉溢价	Rep	会计师事务所综合排名

续表

变量类别	变量名称	变量符号	变量说明
控制变量	公司规模	Size	公司总资产的自然对数
	财务状况	Lev	资产负债率，年末负债总额除以年末资产总额
	资产流动性	QR	速动比率，速动资产除以流动负债
	现金流量状况	CF	每股经营活动现金净流量
	成长能力	Grow	公司总资产增长率，公司年末总资产的增长额与年初资产总额之比
	盈利状况1	Loss	经营亏损取值1，否则取值0
	盈利状况2	SP	经营亏损取值1，否则取值0
	市场表现	ST	若被特别处理则ST取值1，否则取值0
	应收款情况	RR	应收账款周转率，赊销收入除以应收账款期末余额
	存货情况	IR	存货周转率，主营业务成本除以平均存货余额
	管理层效率	MR	管理费用率，管理费用除以主营业务收入
	股权结构	Top1	第一大股东持股比例
	管理层权力集中度	CC	董事长与总经理兼任取值1，否则取值0
	会计师事务所变更	Chg	会计师事务所变更取值1，否则取值0
	会计师事务所任期	Tenu	会计师事务所累计审计年数
	年度变量	Year	年度虚拟变量
	行业变量	Ind	行业虚拟变量

5.2.2 模型构建

为了检验审计师声誉与审计质量的关系，本书借鉴以往的文献研究经验，构建OLS模型如下：

$$DA = \alpha_0 + \alpha_1 Sanc + \alpha_2 Rep + \sum \alpha_i X + \varepsilon \tag{5.1}$$

在模型（5.1）中，被解释变量 DA 表示可操纵性应计数额的绝对值用以衡量审计质量高低。解释变量 $Sanc$、Rep 分别表示审计师声誉受损、审计师声誉溢价，X 表示表 5.1 所示的控制变量组合。

5.3 实证分析与结果描述

5.3.1 样本选择

本书选取 2010～2015 年中国沪、深两市 A 股上市公司为研究样本，主要从万德（WIND）与国泰安（CSMAR）数据库获取样本公司财务数据。会计师事务所及注册会计师方面的信息则主要源自中国注册会计师行业管理信息系统、中国证券监督管理委员会以及"会计师事务所综合评价百强信息"所披露的信息进行手工收集和整理所得。本书遵循以往学者的研究惯例，剔除了金融及保险业上市公司、未披露年报审计师信息的上市公司，以及财务数据缺失或异常的上市公司的数据。此外，本书还在 1% 和 99% 分位数对研究模型中的连续变量进行了缩尾处理。

5.3.2 描述性统计

表 5.2 展示了模型（5.1）中变量的描述统计结果：第一，$Sanc$ 的均值为 0.039，说明被处罚而导致审计师声誉受损的会计师事务所负责审计的上市公司约占 3.9%，说明中国审计行业的处罚相对较轻；第二，Rep 的均值为 14.501，说明大约一半的上市公司聘请的会计师事务所都是年度排名前 15 的大型会计师事务所，最大值 89 为原上海东华会计师事务所。

表 5.2 描述统计

variable	N	mean	sd	p25	p50	p75	min	max
DA	13240	0.063	0.059	0.020	0.045	0.088	0.001	0.288
$Sanc$	13240	0.039	0.194	0	0	0	0	1
Rep	13240	14.501	12.914	5	10	20	1	89
$Size$	13240	21.97	1.270	21.05	21.80	22.69	19.44	25.81

续表

variable	N	mean	sd	p25	p50	p75	min	max
Lev	13240	1.419	1.381	0.956	1.072	1.392	-1.571	9.986
QR	13240	1.971	2.768	0.635	1.072	1.991	0.150	18.21
CF	13240	0.335	0.794	-0.007	0.260	0.636	-2.504	3.338
Grow	13240	0.170	0.298	0.016	0.101	0.224	-0.267	1.814
Loss	13240	0.096	0.294	0	0	0	0	1
SP	13240	0.430	0.495	0	0	1	0	1
ST	13240	0.030	0.170	0	0	0	0	1
RR	13240	0.077	0.331	0.003	0.007	0.019	0.001	2.712
IR	13240	0.014	0.050	0.002	0.004	0.0070	0	0.420
MR	13240	0.103	0.092	0.049	0.081	0.123	0.010	0.626
Top1	13240	0.357	0.153	0.234	0.337	0.464	0.880	0.754
CC	13240	0.236	0.425	0	0	0	0	1
Chg	13240	0.093	0.291	0	0	0	0	1
Tenu	13240	6.364	5.043	3	5	9	1	23

5.3.3 相关性分析

表5.3展示了模型（5.1）中主要变量之间的相关系数，左下方为Pearson系数，右上方为Spearman系数。结果显示：可操纵性应计数额的绝对值（DA）与审计师声誉受损（$Sanc$）、审计师声誉溢价（会计师事务所排名 Rep）都显著正相关，表示审计师声誉受损、抑或审计师声誉溢价相对较低（综合排名靠后）的会计师事务所，客户公司的盈余操纵更高，审计质量更低，这与预期一致。

表5.3　　　　　　　　　　相关系数矩阵

变量	DA	Sanc	Rep
DA	1	0.025 **	0.078 ***
Sanc	0.033 ***	1	0.10 ***
Rep	0.069 ***	0.065 ***	1

注：* p<0.05，** p<0.01，*** p<0.001。

5.3.4 多元回归分析

为了更好地检验本书假设 5.1、假设 5.2，本书首先单独纳入会计师事务所的人力资本特征变量进行回归，然后综合纳入回归。从表 5.4 的多元回归结果可以看出：第一，以可操纵性应计数额的绝对值（DA）作为审计质量的替代测度变量，会计师事务所被处罚导致声誉受损变量（$Sanc$）的回归系数为 0.006 且在 5% 的水平显著，这表明受处罚的审计师确实在职业过程中未能保持充分的职业独立性与谨慎性，导致审计质量整体相对较低，支持假设 5.1。第二，审计师声誉溢价变量（Rep）的回归系数为 0.0002 且在 1% 的水平显著，这说明会计师事务所的综合排名数值越大，审计师声誉溢价越小，可操纵性应计数额的绝对值（DA）越大，审计质量则越低，支持假设 5.2。

表 5.4　　　　　　　　　OLS 回归分析

变量	模型 5.1	模型 5.1	模型 5.1
$Sanc$	0.006 ** (2.40)		0.006 ** (2.13)
Rep		0.0002 *** (4.79)	0.0002 *** (4.66)
$Size$	−0.007 *** (−15.08)	−0.007 *** (−14.20)	−0.007 *** (−14.18)
Lev	0.001 ** (2.15)	0.001 ** (2.06)	0.001 ** (2.07)
QR	−0.002 *** (−8.23)	−0.002 *** (−8.19)	−0.002 *** (−8.21)
CF	−0.002 *** (−2.68)	−0.002 ** (−2.56)	−0.002 ** (−2.56)
$Grow$	0.020 *** (11.56)	0.020 *** (11.35)	0.020 *** (11.33)
$Loss$	0.015 *** (7.76)	0.015 *** (7.77)	0.015 *** (7.76)

续表

变量	模型 5.1	模型 5.1	模型 5.1
SP	-0.002* (-1.69)	-0.002* (-1.71)	-0.002* (-1.71)
ST	0.005 (1.62)	0.005 (1.62)	0.005* (1.65)
RR	0.005*** (3.13)	0.005*** (3.13)	0.005*** (3.12)
IR	0.014 (1.30)	0.014 (1.34)	0.014 (1.35)
MR	-0.013** (-1.97)	-0.011* (-1.72)	-0.011* (-1.76)
$Top1$	0.005 (1.31)	0.005 (1.46)	0.005 (1.46)
CC	0.001 (0.64)	0.001 (0.75)	0.001 (0.75)
Chg	0.006*** (3.51)	0.006*** (3.55)	0.006*** (3.59)
$Tenu$	0.000 (0.91)	-0.000 (-0.00)	0.000 (0.09)
$Constant$	0.228*** (20.54)	0.218*** (19.20)	0.217*** (19.16)
$Year$	控制	控制	控制
Ind	控制	控制	控制
R^2	0.071	0.072	0.073
F 值	24.60	25.06	24.57
N	13240	13240	13240

注：括号内是 t 值，***、** 和 * 分别表示在 1%、5% 和 10% 的水平上显著相关。

在控制变量方面公司规模变量（$Size$）的回归系数在 1% 的水平上显著为负，说明较大的公司规模可以提升公司声誉保护、加强投资者保护等，保证公司审计质量。

5.3.5 进一步测试

本书在区分盈余操纵的方向做进一步分析。第一,表 5.5 的 OLS 回归结果显示,在正向盈余操纵中,声誉受损变量($Sanc$)、审计师声誉溢价变量(Rep)的回归系数均为正,而且在 5% 的水平上显著;第二,表 5.6 的 OLS 回归结果显示,在负向盈余操纵中,$Sanc$、Rep 的回归系数均为正,但不显著。上述结果说明,会计师事务所的审计声誉特征对公司的正向盈余管理行为具备较好的解释力,审计师声誉溢价越高,越有助于抑制公司通过应计项目向上调整利润的行为,但对负向盈余管理行为的影响不显著。

表 5.5　　　　　　　　　正向盈余操纵

正向 DA	模型 5.1	模型 5.1	模型 5.1
$Sanc$	0.007 ** (2.31)		0.007 ** (2.22)
Rep		0.0001 ** (2.31)	0.0001 ** (2.21)
$Size$	-0.006 *** (-10.19)	-0.006 *** (-9.73)	-0.006 *** (-9.69)
Lev	-0.0005 (-0.97)	-0.0005 (-1.00)	-0.0005 (-0.98)
QR	-0.001 *** (-6.08)	-0.001 *** (-6.04)	-0.001 *** (-6.07)
CF	-0.023 *** (-26.57)	-0.023 *** (-26.48)	-0.023 *** (-26.47)
$Grow$	0.017 *** (8.68)	0.017 *** (8.55)	0.017 *** (8.55)
$Loss$	-0.019 *** (-7.07)	-0.019 *** (-7.07)	-0.019 *** (-7.07)
SP	-0.010 *** (-7.47)	-0.010 *** (-7.47)	-0.010 *** (-7.47)

续表

正向 DA	模型 5.1	模型 5.1	模型 5.1
ST	0.009** (2.25)	0.009** (2.21)	0.009** (2.25)
RR	0.009*** (4.66)	0.009*** (4.66)	0.009*** (4.66)
IR	0.027** (2.11)	0.027** (2.14)	0.027** (2.16)
MR	−0.005 (−0.65)	−0.004 (−0.53)	−0.004 (−0.52)
Top1	0.002 (0.38)	0.002 (0.44)	0.002 (0.45)
CC	−0.0002 (−0.22)	−0.0002 (−0.16)	−0.0002 (−0.17)
Chg	0.009*** (4.10)	0.009*** (4.10)	0.009*** (4.14)
Tenu	0.0003*** (2.80)	0.0003** (2.28)	0.0003** (2.35)
Constant	0.208*** (15.34)	0.202*** (14.53)	0.201*** (14.47)
Year	控制	控制	控制
Ind	控制	控制	控制
R^2	34.77	34.77	34.08
F 值	0.173	0.173	0.173
N	6863	6863	6863

表 5.6 　　　　　　　　　负向盈余操纵

负向 DA	模型 5.1	模型 5.1	模型 5.1
Sanc	0.003 (0.79)		0.002 (0.49)
Rep		0.0002*** (3.89)	0.0002*** (3.84)
Size	−0.010*** (−13.87)	−0.010*** (−13.17)	−0.010*** (−13.17)

续表

负向 DA	模型 5.1	模型 5.1	模型 5.1
Lev	0.002 *** (3.69)	0.002 *** (3.59)	0.002 *** (3.59)
QR	-0.002 *** (-5.17)	-0.002 *** (-5.15)	-0.002 *** (-5.15)
CF	0.022 *** (19.92)	0.022 *** (19.99)	0.022 *** (19.98)
$Grow$	0.015 *** (5.22)	0.015 *** (5.08)	0.015 *** (5.07)
$Loss$	0.043 *** (15.23)	0.042 *** (15.24)	0.042 *** (15.24)
SP	0.006 *** (3.81)	0.006 *** (3.79)	0.006 *** (3.79)
ST	0.003 (0.70)	0.003 (0.74)	0.003 (0.74)
RR	-0.0003 (-0.09)	-0.0002 (-0.11)	-0.0003 (-0.11)
IR	0.003 (0.20)	0.003 (0.19)	0.003 (0.19)
MR	-0.005 (-0.53)	-0.004 (-0.38)	-0.004 (-0.40)
$Top1$	0.005 (1.03)	0.006 (1.15)	0.006 (1.15)
CC	0.001 (0.54)	0.001 (0.62)	0.001 (0.62)
Chg	0.004 (1.38)	0.004 (1.44)	0.004 (1.44)
$Tenu$	-0.0003 (-1.06)	-0.0003 * (-1.72)	-0.0003 * (-1.69)
$Constant$	0.274 *** (16.35)	0.261 *** (15.35)	0.261 *** (15.35)

续表

负向 DA	模型 5.1	模型 5.1	模型 5.1
Year	控制	控制	控制
Ind	控制	控制	控制
R^2	0.128	0.130	0.131
F 值	22.78	23.18	22.64
N	6377	6377	6377

注：括号内是 t 值，***、** 和 * 分别表示在 1%、5% 和 10% 的水平上显著相关。

5.3.6 稳健性测试

为增强研究结论的稳健性，本书进行了两个方面的稳健性测试。

1. 审计质量：盈余操纵的替代计算方法

本书采用 Kothari 等（2005）修正的截面 Jones 模型，采用可操纵性应计利润的绝对值作为审计质量的替代变量来予以验证。表 5.7 的结果显示：在全样本中，声誉受损变量（Sanc）、审计师声誉溢价变量（Rep）的回归系数均为正，而且至少在 5% 的水平上显著。表 5.8 和表 5.9 的结果显示：在区分盈余操纵的方向之后，仅在正向盈余操纵中，会计师事务所的审计声誉特征变量 Sanc、Rep 的回归系数显著为正；但是，在负向盈余操纵中 Sanc、Rep 的回归系数大都为正，但不显著，与前述主测试的结果一致。

表 5.7　　　　　　　　Kothari 模型的盈余操纵

变量	模型 5.1	模型 5.1	模型 5.1
Sanc	0.006 ** (2.36)		0.005 ** (2.12)
Rep		0.0002 *** (4.22)	0.0002 *** (4.09)
Size	-0.007 *** (-14.23)	-0.006 *** (-13.45)	-0.006 *** (-13.43)
Lev	0.001 ** (2.08)	0.001 ** (2.00)	0.001 ** (2.01)

续表

变量	模型 5.1	模型 5.1	模型 5.1
QR	-0.001*** (-7.08)	-0.001*** (-7.04)	-0.001*** (-7.05)
CF	-0.002*** (-3.83)	-0.002*** (-3.72)	-0.002*** (-3.72)
$Grow$	0.020*** (12.12)	0.020*** (11.93)	0.020*** (11.92)
$Loss$	0.007*** (3.60)	0.007*** (3.60)	0.007*** (3.59)
SP	-0.002 (-1.60)	-0.002 (-1.61)	-0.002 (-1.61)
ST	0.005* (1.75)	0.005* (1.75)	0.005* (1.77)
RR	0.004*** (2.66)	0.004*** (2.66)	0.004*** (2.65)
IR	0.019* (1.87)	0.020* (1.91)	0.020* (1.92)
MR	-0.027*** (-4.37)	-0.025*** (-4.14)	-0.026*** (-4.18)
$Top1$	0.003 (1.00)	0.004 (1.13)	0.004 (1.13)
CC	0.001 (0.76)	0.001 (0.86)	0.001 (0.85)
Chg	0.005*** (2.80)	0.005*** (2.84)	0.005*** (2.87)
$Tenu$	0.0001 (1.15)	0.00004 (0.34)	0.00005 (0.43)
$Constant$	0.212*** (19.79)	0.203*** (18.57)	0.203*** (18.53)
$Year$	控制	控制	控制
Ind	控制	控制	控制
R^2	0.062	0.063	0.064
F 值	21.43	21.75	21.34
N	13240	13240	13240

表5.8 正向 Kothari 模型的盈余操纵

正向 DA	模型 5.1	模型 5.1	模型 5.1
Sanc	0.006* (1.94)		0.006* (1.87)
Rep		0.0001* (1.78)	0.0001* (1.70)
Size	-0.006*** (-10.11)	-0.006*** (-9.72)	-0.006*** (-9.69)
Lev	0.0002 (0.35)	0.0001 (0.34)	0.0002 (0.36)
QR	-0.002*** (-6.10)	-0.002*** (-6.07)	-0.002*** (-6.09)
CF	-0.025*** (-29.06)	-0.025*** (-28.98)	-0.025*** (-28.97)
Grow	0.017*** (8.92)	0.017*** (8.82)	0.017*** (8.82)
Loss	-0.008*** (-3.21)	-0.008*** (-3.18)	-0.008*** (-3.19)
SP	-0.007*** (-5.08)	-0.007*** (-5.07)	-0.007*** (-5.07)
ST	0.005 (1.51)	0.005 (1.48)	0.005 (1.52)
RR	0.007*** (3.82)	0.007*** (3.84)	0.007*** (3.83)
IR	0.038*** (2.98)	0.039*** (3.00)	0.039*** (3.01)
MR	-0.017** (-2.19)	-0.016** (-2.09)	-0.016** (-2.10)
Top1	-0.003 (-0.78)	-0.003 (-0.72)	-0.003 (-0.71)
CC	-0.001 (-0.53)	-0.001 (-0.47)	-0.001 (-0.48)

续表

正向 DA	模型 5.1	模型 5.1	模型 5.1
Chg	0.007 *** (3.24)	0.007 *** (3.24)	0.007 *** (3.27)
Tenu	0.0003 ** (2.51)	0.0003 ** (2.08)	0.0003 ** (2.16)
Constant	0.197 *** (14.89)	0.193 *** (14.20)	0.192 *** (14.15)
Year	控制	控制	控制
Ind	控制	控制	控制
R^2	0.184	0.184	0.185
F 值	37.02	37.00	36.21
N	6753	6753	6753

表 5.9　　负向 Kothari 模型的盈余操纵

负向 DA	模型 5.1	模型 5.1	模型 5.1
Sanc	0.004 (1.09)		0.003 (0.83)
Rep		0.0002 *** (3.46)	0.0002 *** (3.39)
Size	-0.010 *** (-14.25)	-0.010 *** (-13.62)	-0.010 *** (-13.62)
Lev	0.001 ** (2.07)	0.001 * (1.94)	0.001 * (1.94)
QR	-0.001 *** (-3.62)	-0.001 *** (-3.61)	-0.001 *** (-3.62)
CF	0.022 *** (20.83)	0.022 *** (20.88)	0.022 *** (20.88)
Grow	0.015 *** (5.48)	0.015 *** (5.35)	0.015 *** (5.34)
Loss	0.022 *** (7.92)	0.022 *** (7.89)	0.022 *** (7.88)

续表

负向 DA	模型 5.1	模型 5.1	模型 5.1
SP	0.003 ** (2.11)	0.003 ** (2.06)	0.003 ** (2.06)
ST	0.007 (1.61)	0.008 (1.64)	0.008 (1.63)
RR	−0.001 (−0.27)	−0.001 (−0.31)	−0.001 (−0.31)
IR	0.004 (0.24)	0.004 (0.25)	0.004 (0.26)
MR	−0.023 ** (−2.51)	−0.021 ** (−2.36)	−0.022 ** (−2.39)
Top1	0.005 (1.10)	0.006 (1.20)	0.006 (1.19)
CC	0.002 (0.92)	0.002 (0.97)	0.002 (0.97)
Chg	0.004 (1.40)	0.004 (1.44)	0.004 (1.45)
Tenu	0.000 (0.05)	−0.0001 (−0.56)	−0.0001 (−0.52)
Constant	0.271 *** (17.01)	0.260 *** (16.08)	0.260 *** (16.07)
Year	控制	控制	控制
Ind	控制	控制	控制
R^2	0.110	0.111	0.111
F 值	19.35	19.65	19.20
N	6487	6487	6487

注：括号内是 t 值，***、** 和 * 分别表示在 1%、5% 和 10% 的水平上显著相关。

2. 审计质量：审计报告激进度

根据 Gul 等（2013）方法计算审计报告激进度（ARA），作为审计质量的替代度量。表 5.10 的结果显示：声誉受损变量（Sanc）、审计师声誉溢价变量（Rep）的回归系数都显著为正。这说明会计师事务所的审计声誉维护机制越好,声誉溢价越高,越有助于降低审计报告的激进度,从而提高审计质量,与前述主测试的结论一致。

表 5.10 审计报告激进度

ARA	模型 5.1	模型 5.1	模型 5.1
Sanc	0.018*** (2.58)		0.017** (2.47)
Rep		0.0002* (1.90)	0.0002* (1.76)
Size	−0.009*** (−6.80)	−0.009*** (−6.47)	−0.009*** (−6.45)
Lev	−0.004*** (−3.75)	−0.004*** (−3.79)	−0.004*** (−3.78)
QR	0.001* (1.65)	0.001* (1.68)	0.001* (1.66)
CF	0.005** (2.46)	0.005** (2.51)	0.005** (2.50)
Grow	0.012** (2.55)	0.012** (2.49)	0.012** (2.47)
Loss	0.028*** (5.11)	0.028*** (5.12)	0.028*** (5.10)
SP	0.008*** (2.60)	0.008*** (2.59)	0.008*** (2.59)
ST	−0.128*** (−15.41)	−0.128*** (−15.42)	−0.128*** (−15.40)
RR	0.001 (0.15)	0.001 (0.15)	0.001 (0.14)
IR	−0.012 (−0.41)	−0.012 (−0.41)	−0.012 (−0.39)
MR	−0.285*** (−16.49)	−0.283*** (−16.36)	−0.284*** (−16.40)
Top1	0.006 (0.64)	0.007 (0.70)	0.007 (0.70)

续表

ARA	模型 5.1	模型 5.1	模型 5.1
CC	-0.006* (-1.91)	-0.006* (-1.87)	-0.006* (-1.86)
Chg	0.003 (0.58)	0.003 (0.57)	0.003 (0.61)
Tenu	0.001*** (4.39)	0.001*** (3.91)	0.001*** (4.02)
Constant	0.219*** (7.22)	0.209*** (6.75)	0.207*** (6.70)
Year	控制	控制	控制
Ind	控制	控制	控制
R^2	0.051	0.051	0.051
F值	16.65	16.57	16.33
N	12753	12753	12753

注：括号内是 t 值，***、** 和 * 分别表示在 1%、5% 和 10% 的水平上显著相关。

5.4 本章小结

本章选取 2010～2015 年中国沪、深两市的 A 股上市公司为研究样本，以审计师声誉受损和审计师声誉溢价为切入点，分析审计师声誉对审计质量产生的影响。本书对审计师声誉受损的区分是依照会计师事务所在当年是否被中国证券监督管理委员会等监管部门处罚来界定。同时，本书采用中国注册会计师协会公布的历年百强会计师事务所综合排名信息来衡量审计师声誉溢价。

研究结果显示：（1）在全样本视角下，可操纵性应计数额的绝对值（DA）与审计师声誉受损（Sanc）、审计师声誉溢价（会计师事务所排名 Rep）都显著正相关。表示审计师声誉受损、抑或审计师声誉溢价相对较低（综合排名靠后）的会计师事务所，客户公司的盈余操纵更高，审计质量更低，这与预期一致。（2）本书在区分盈余操纵的方向做进一步分析后，发现会计师事务所的审计声誉特征对公司的正向盈余管理行为具备较好的解释力。审计师声誉溢价越高，越有助于抑制公司通过应计项目向上调整利润的行为，但对负向盈余管理行为的影响并不显著。(3) 通过稳健性测试，对审计质量采用盈余操纵的替代计算方法进行测试。一是，采用可操纵性应计利润的绝对值作为审计质量的替代变量来予以验证，消除其他变更因素可能产生的影响。声誉受损变量（$Sanc$）、审计师声誉溢价变量（Rep）的回归系数均为正，而且至少在5%的水平上显著。通过对盈余操纵的方向予以区分之后，仅在正向盈余操纵过程中，会计师事务所的审计声誉特征变量 $Sanc$、Rep 的回归系数显著为正；但是，在负向盈余操纵中 $Sanc$、Rep 的回归系数大都为正，但不显著。多元回归分析结果与主测试基本一致。二是，以审计报告激进度（ARA）作为审计质量的替代度量。审计师声誉受损变量（$Sanc$）、审计师声誉溢价变量（Rep）的回归系数都显著为正，说明会计师事务所的审计师声誉维护机制越好、声誉溢价越高，越有助于降低审计报告的激进度，从而达到提高审计质量的效果。这与前述主测试的结论一致。

第 6 章 审计师声誉在会计师事务所人力资本特征和审计质量之间调节效应的实证检验

根据前述的文献回顾可知，由于会计师事务所的"人合""智合"特点，审计师声誉溢价将吸引更多优秀的注册会计师加盟会计师事务所，进而促进了人力资本特征对审计质量的强化作用。本章分析在审计师声誉对会计师事务所人力特征与审计质量的调节效应。具体而言，本书考察审计师声誉在注册会计师学历层次、执业经验、注册会计师党员比例以及入选行业领军人才培训计划情况等方面人力资本特征与审计质量之间的调节作用，并加以实证检验。

6.1 理论分析与假设提出

声誉系统是一种机制，它通过某种信号甄别出高质量的产品，并以高于同类产品的价格在市场上予以反映出来。同时，还能快速精准地搜索并发现优质产品的来源（Kennes and Schiff，2002）。这种信号传导机制使得审计师声誉成为反映审计质量高低的一种重要信号。

大量国内外研究表明，审计师声誉能使 IPO 抑价率显著降低（Simunic and Stein，1987；Datar et al.，1991），提高客户公司盈余反应（Teoh and Wong，1993），促进公司业绩（Siala et al.，2009）、增强债务融资（Rodríguez et al.，2009）。因为审计产品的特殊属性，审计质量难以观测，而投资者又需要根据审计鉴证报告来做出决策。在这种情况下，审计服务的质量则大多数通过审计师声誉来予以反映（陈骏，2011）。高声誉的

第6章 审计师声誉在会计师事务所人力资本特征和审计质量之间调节效应的实证检验

"四大"会计师事务所提供的审计服务质量也更高（漆江娜等，2004）。同时，还能使IPO抑价率降低（王兵等，2009），减少会计信息不确定性（Autore et al.，2009），抑制客户公司盈余管理（Numata and Takeda，2010），减轻信息不对称（Kanagaretna et al.，2010），削弱客户公司股价崩盘风险（刘峰等，2010）和法律风险（曹文沛等，2015），获取相应的审计收费溢价（闫焕民，2015）等效果。

根据信号传递理论，审计师声誉溢价在人力资本与审计质量之间的调节作用路径是：审计师个人声誉溢价→信号传递→品牌效应→吸引优秀的人力资本→审计质量。具体而言，即为会计师事务所审计师声誉溢价将带来一系列品牌效应。同时，由于会计师事务所作为智力密集型的服务行业，这种声誉和品牌的溢价也将吸引优秀的注册会计师加入，从而进一步提高审计质量。本书根据中国历年"百强会计师事务所综合排名"信息，将排名前15（包含15）位的视为声誉溢价，从而分析审计师声誉在会计师事务所人力资本特征与审计质量之间的调节效应。

1. 审计师声誉在注册会计师学历层次与审计质量之间的调节效应

学历水平反映接受教育的程度，而接受专业教育程度高低又会在一定程度上影响个人的专业胜任能力及职业判断，进而给最终决策带来影响。本书前述章节已对注册会计师学历水平与审计质量之间的关系予以分析。总体而言，注册会计师的学历水平与其发现客户公司财务信息违规问题的能力成正相关。同等情况下受教育程度越高，审计质量也相对较高。审计师声誉溢价的会计师事务所意味着其有更强的专业性优势。声誉溢价带来的品牌效应，给会计师事务所及注册会计师带来了隐性激励，使其更关注长期收益。加盟这样的会计师事务所进行执业活动，将为注册会计师的职业生涯发展提供一个更有力的平台，也将更有利于审计师专业技能的发挥和保持独立性。这种传导效应将吸引更多高学历人才加入高声誉的会计师事务所，而这些高学历人才的加入，将更有利于提高审计质量。故提出假设6.1。

假设6.1：在控制其他因素的情况下，审计师声誉溢价强化了会计师事务所中注册会计师学历层次对审计质量的正向关系。

2. 审计师声誉在注册会计师执业经验与审计质量之间的调节效应

由于声誉的传导机制，声誉溢价、整体排名前列的会计师事务所也将可能带来审计收费的溢价。这种传导机制也将使一批富有执业经验的注册会计师转而为这些审计师声誉溢价的会计师事务所工作。注册会计师的执业经验越丰富，专业胜任能力也越强，越能准确地把握客户的风险水平。这将有助于其更好地了解客户及其财务报表，辨识报表中可能存在的问题，并通过制订更加完善的审计计划和策略来减少审计失败发生的概率，从而提高审计质量。鉴于此调节效应，提出假设6.2。

假设6.2：在控制其他因素的情况下，审计师声誉溢价强化了会计师事务所注册会计师执业经验对审计质量的正向关系。

3. 审计师声誉在会计师事务所注册会计师党员比例与审计质量之间的调节效应

一般情况下，审计师声誉溢价的会计师事务所在业务承接、计划和实施审计的过程中会要求保持较高的形式上和实质上独立性。这些会计师事务所从整体上要求更规范、更严谨。同时，也促进了其员工在从业过程中保持独立性、遵守职业道德，做到"知行合一"。党员注册会计师作为会计师事务所员工的组成部分，也将会受到审计师声誉溢价所带来的促进效应。审计师声誉溢价的会计师事务所为注册会计师保持应有的审计职业道德和独立性提供了优质的平台。这也有利于党员注册会计师发扬先进性，保持应有的独立性，并以高度的职业谨慎态度执行审计业务，出具客观、公正的审计报告。审计师声誉在会计师事务所注册会计师党员比例与审计质量之间将具有一定的调节促进效应。鉴于此，提出假设6.3。

假设6.3：在控制其他因素的情况下，审计师声誉溢价强化了会计师事务所中国共产党员比重对审计质量的正向关系。

4. 审计师声誉在注册会计师入选行业领军人才培训情况与审计质量之间的调节效应

"注册会计师行业领军人才培训计划"是财政部为注册会计师行业选拔和培养高层次人才的一项意义深远的重要举措。参加该培训计划在一定程度上有助于相关注册会计师提升专业胜任能力，加强与其他优秀注册会计师的沟通与交流，开拓视野，并带动整个会计师事务所执业水平迈上新的台阶。同时，审计师声誉溢价的会计师事务所依靠其优良的品牌效应，也将吸引更多的行业领军人才纷至而来。因为优质的品牌声誉给了市场及注册会计师一个良好的信号，在声誉溢价的会计师事务所工作将给行业领军人才保持独立性、发挥行业专长提供更好的发展空间，更有利于他们发挥行业带头作用。同时，由于这些行业领军人才的加入，将使会计师事务所获得更多高层次的专业人才，更有利于提高审计质量。基于上述分析提出假设 6.4。

假设 6.4：在控制其他因素的情况下，审计师声誉溢价强化了会计师事务所中入选行业领军人才培训计划人数对审计质量的正向关系。

6.2 变量定义与模型构建

6.2.1 变量定义

1. 审计质量

借鉴刘启亮和唐建新（2009）、Gul 等（2013）以及 Chen 等（2010）等文献的研究经验，本书在主测试部分采用 Jones 模型（Dechow et al.，1995）计算公司可操纵性应计利润，并以其绝对值作为审计质量的替代度量。为了保证研究结论的可靠性，本书在稳健测试部分，分别采用业绩匹配的 Jones 模型计算公司可操纵性应计的绝对值、审计报告激进度等指标作为审计质量的替代度量，记为 DA。具体计算方法在第四章做了说明，详见前述所述。

2. 审计师声誉溢价

本书根据会计师事务所历年综合排名，将排名前 15（包含 15）位的视为声誉较高，HRep 取值 1，否则取值 0。

3. 审计师声誉对会计师事务所人力资本的调节作用

通过交乘项 $Edu \times HRep$ 反映了审计师声誉（$HRep$）对学历结构变量（Edu）的调节作用。同理，针对审计师声誉（$HRep$）对职业经验（Exp）、党员比例（CCP）及领军人才（$Lead$）的调节作用，设置相应的交乘项进行检验。

4. 控制变量

与前述类似，本章也将其他有可能影响审计质量的因素纳入检验模型中予以考察,主要涵盖诸如公司规模(Size)、现金流量状况(CF)、资产流动性(QR)、成长能力(Grow)、财务状况(Lev)、盈利状况1(Loss)和盈利状况2(SP)及市场表现(ST);应收款情况(RR)、存货情况(IR)管理层效率(MR)、股权结构(Top1)、管理层权力集中度(CC)。会计师事务所层面的因素,包括会计师事务所变更(Chg)、会计师事务所任期(Tenu)等反映公司基本层面情况的指标。此外,还包括行业、年度变量。

6.2.2 模型构建

为了检验审计师声誉对会计师事务所人力资本与审计质量之间关系的调节作用,本书借鉴以往的文献研究经验,构建OLS模型如下:

$$DA = \alpha_0 + \alpha_1 Edu + \alpha_2 HRep + \alpha_3 Edu \times HRep + \sum \alpha_i X + \varepsilon \quad (6.1)$$

在模型(6.1)中,被解释变量 DA 表示可操纵性应计利润的绝对值,用以衡量审计质量高低。解释变量 $HRep$ 表示审计师声誉高低,本书根据会计师事务所历年综合排名,将排名前15(包含15)位的视为声誉较高,$HRep$ 取值1,否则取值0;交乘项 $Edu \times HRep$ 反映了审计师声誉($HRep$)对学历结构变量(Edu)的调节作用,X 表示所有的控制变量组合。同理,针对审计师声誉($HRep$)对执业经验(Exp)、党员比例(CCP)及领军人才($Lead$)的调节作用,设置相应的交乘项进行检验。

6.3 实证分析与结果描述

6.3.1 样本选择

本书选取2010~2015年中国沪、深两市A股上市公司为研究样本,主要从万德(WIND)与国泰安(CSMAR)数据库获取样本公司财务数据。会计师事务所及注册会计师方面的信息则主要源自中国注册会计师行业管理信息系统、中国证券监督管理委员会以及"会计师事务所综合评价百强信息"所披露的信息进行手工收集和整理所得。本书遵循以往学者的研究惯例，剔除了金融及保险业上市公司、未披露年报审计师信息的上市公司以及财务数据缺失或异常的上市公司的数据。此外，本书还在1%和99%分位数对模型中的连续变量做了缩尾处理。

6.3.2 描述性统计

表 6.1 展示了模型（6.1）中变量的描述统计结果：高审计声誉变量（$HRep$）的均值为 0.688，说明样本公司聘请的会计师事务所综合排名在前 15 位的约占 68.8%；其他变量的描述性统计结果和前述相一致，在此不再重述。

表 6.1 描述统计

variable	N	mean	sd	p25	p50	p75	min	max
$HRep$	13240	0.688	0.463	0	1	1	0	1
DA	13240	0.063	0.059	0.020	0.045	0.088	0.001	0.288
Edu	13240	0.148	0.0700	0.121	0.148	0.188	0	0.355
Exp	13240	8.307	1.978	6.686	8.429	9.441	2.111	14.270
CCP	13240	0.708	0.112	0.667	0.711	0.752	0.333	1
$Lead$	13240	10.12	9.554	3	7	13	0	34
$Edu*HRep$	13240	0.113	0.0880	0	0.131	0.180	0	0.355
$Exp*HRep$	13240	5.642	4.020	0	7.024	9.030	0	13.14
$CCP*HRep$	13240	0.492	0.335	0	0.679	0.733	0	1
$Lead*HRep$	13240	9.271	10.16	0	7	13	0	34
$Size$	13240	21.97	1.270	21.05	21.80	22.69	19.44	25.81
Lev	13240	1.419	1.381	0.956	1.072	1.392	-1.571	9.986
QR	13240	1.971	2.768	0.635	1.072	1.991	0.150	18.21
CF	13240	0.335	0.794	-0.007	0.260	0.636	-2.504	3.338
$Grow$	13240	0.170	0.298	0.016	0.101	0.224	-0.267	1.814
$Loss$	13240	0.096	0.294	0	0	0	0	1
SP	13240	0.430	0.495	0	0	1	0	1
ST	13240	0.030	0.170	0	0	0	0	1

续表

variable	N	mean	sd	p25	p50	p75	min	max
RR	13240	0.077	0.331	0.003	0.007	0.019	0.001	2.712
IR	13240	0.014	0.050	0.002	0.004	0.0070	0	0.420
MR	13240	0.103	0.092	0.049	0.081	0.123	0.010	0.626
Top1	13240	0.357	0.153	0.234	0.337	0.464	0.880	0.754
CC	13240	0.236	0.425	0	0	0	0	1
Chg	13240	0.093	0.291	0	0	0	0	1
Tenu	13240	6.364	5.043	3	5	9	1	23

6.3.3 相关性分析

表6.2展示了模型（6.1）中各变量之间的相关系数。首先，可操纵性应计利润的绝对值（DA）与优质审计师声誉（$HRep$）之间呈显著负相关关系；其次，各交乘项 $Edu \times HRep$、$Exp \times HRep$、$CCP \times HRep$、$Lead \times HRep$ 与 DA 显著负相关；初步表明高审计声誉有助于增强会计师事务所人力资本特征与审计质量之间的关系。

表6.2   相关系数矩阵

变量	DA	HRep	Edu	Exp	CCP
DA	1	-0.063***	-0.026**	-0.015*	-0.030***
HRep	-0.063***	1	0.38***	-0.062***	0.040***
Edu	-0.034***	0.35***	1	0.12***	-0.037***
Exp	-0.032***	-0.084***	0.072***	1	-0.0085
CCP	-0.043***	0.084***	-0.088***	0.026**	1
Lead	-0.057***	0.52***	0.13***	0.057***	0.060***
Edu * HRep	-0.066***	0.87***	0.61***	0.012	0.064***
Exp * HRep	-0.067***	0.94***	0.38***	0.14***	0.080***
CCP * HRep	-0.070***	0.99***	0.34***	-0.083***	0.15***
Lead * HRep	-0.063***	0.61***	0.20***	0.011	0.066***

续表

变量	Lead	Edu * HRep	Exp * HRep	CCP * HRep	Lead * HRep
DA	-0.058***	-0.055***	-0.057***	-0.063***	-0.066***
HRep	0.66***	0.81***	0.81***	0.81***	0.81***
Edu	0.23***	0.72***	0.43***	0.32***	0.33***
Exp	0.12***	0.070***	0.38***	-0.065***	0.011
CCP	0.0047	0.040***	0.019*	0.42***	0.028**
Lead	1	0.55***	0.60***	0.53***	0.93***
Edu * HRep	0.44***	1	0.75***	0.67***	0.67***
Exp * HRep	0.52***	0.86***	1	0.65***	0.71***
CCP * HRep	0.52***	0.86***	0.93***	1	0.66***
Lead * HRep	0.98***	0.52***	0.61***	0.61***	1

注：* $p<0.05$，** $p<0.01$，*** $p<0.001$。

6.3.4 多元回归分析

表6.3展示了模型（6.1）多元回归结果。第一，以可操纵性应计利润的绝对值（DA）作为审计质量的替代变量，会计师事务所的注册会计师人员学历结构（Edu）与高审计声誉（HRep）的交乘项 Edu × HRep 的回归系数为 -0.026，在10%的水平上显著；第二，注册会计师人员的职业经验（Exp）与高审计声誉（HRep）的交乘项 Exp × HRep 的回归系数为 -0.0005，接近10%的水平上显著；第三，注册会计师人员的政治面貌为中共党员比例（CCP）与高审计声誉（HRep）的交乘项 CCP × HRep 的回归系数为 -0.045，在1%的水平上显著；第四，注册会计师人员参加全国会计领军人才培养项目人数（Lead）与高审计声誉（HRep）的交乘项 Lead × HRep 的回归系数为 -0.001，在5%的水平上显著；上述结果综合说明，在审计师声誉高的情况下，审计声誉溢价能够增强会计师事务所人力资本特征与审计质量之间的关系，与假设的预期一致。

表 6.3　　　　　　　　　OLS 回归分析

变量	模型 6.1	模型 6.1	模型 6.1	模型 6.1
HRep	-0.001 (-0.21)	-0.001 (-0.22)	0.028*** (3.39)	-0.001 (-0.76)
Edu	-0.001 (-0.04)			
Exp		-0.001** (-2.11)		
CCP			-0.007 (-1.40)	
Lead				0.001 (1.53)
Edu * HRep	-0.026* (-1.70)			
Exp * HRep		-0.0005 (-0.97)		
CCP * HRep			-0.045*** (-3.98)	
Lead * HRep				-0.001** (-2.01)
Size	-0.007*** (-14.43)	-0.007*** (-14.70)	-0.007*** (-14.04)	-0.007*** (-14.48)
Lev	0.001** (2.09)	0.001** (1.97)	0.001** (2.09)	0.001** (2.13)
QR	-0.002*** (-8.22)	-0.002*** (-8.17)	-0.002*** (-8.20)	-0.002*** (-8.29)
CF	-0.002*** (-2.60)	-0.002*** (-2.67)	-0.002** (-2.52)	-0.002*** (-2.66)
Grow	0.020*** (11.42)	0.020*** (11.49)	0.020*** (11.31)	0.020*** (11.38)
Loss	0.016*** (7.80)	0.015*** (7.66)	0.015*** (7.76)	0.016*** (7.82)

续表

变量	模型6.1	模型6.1	模型6.1	模型6.1
SP	-0.002* (-1.68)	-0.002* (-1.74)	-0.002* (-1.67)	-0.00200 (-1.63)
ST	0.005 (1.63)	0.005 (1.53)	0.005 (1.61)	0.005 (1.64)
RR	0.005*** (3.17)	0.005*** (3.14)	0.005*** (3.13)	0.005*** (3.19)
IR	0.014 (1.31)	0.014 (1.31)	0.015 (1.37)	0.015 (1.46)
MR	-0.012* (-1.82)	-0.012* (-1.92)	-0.012* (-1.81)	-0.012* (-1.85)
$Top1$	0.005 (1.46)	0.005 (1.43)	0.005 (1.40)	0.005 (1.42)
CC	0.001 (0.70)	0.001 (0.87)	0.001 (0.69)	0.001 (0.74)
Chg	0.006*** (3.39)	0.006*** (3.27)	0.006*** (3.48)	0.006*** (3.39)
$Tenu$	0.00002 (0.20)	0.0001 (0.70)	0.00002 (0.15)	0.000 (-0.04)
$Constant$	0.226*** (20.27)	0.234*** (20.40)	0.227*** (19.50)	0.225*** (20.23)
$Year$	控制	控制	控制	控制
Ind	控制	控制	控制	控制
R^2	0.0720	0.0730	0.0740	0.0730
F 值	23.93	24.13	24.51	24.04
N	13240	13240	13240	13240

注：括号内是 t 值，***、**和*分别表示在1%、5%和10%的水平上显著相关。

6.3.5 进一步测试

本书在区分盈余操纵的方向做进一步分析。第一，表6.4的正向盈余操纵回归结果显示,在正向盈余操纵中,交乘项 $Edu \times HRep$、$Exp \times HRep$、$CCP \times HRep$、$Lead \times HRep$ 的回归系数均为负,而且至少在10%的水平上显著;第二,表6.5的负向盈余操纵回归结果显示,在负向盈余操纵中,交乘项 $Edu \times HRep$、$CCP \times HRep$ 的回归系数均为负,$Exp \times HRep$、$Lead \times HRep$ 的回归系数为正,但大都不显著;上述结果说明,会计师事务所的审计声誉对人力资本特征的调节作用主要体现在对公司的正向盈余管理行为的抑制作用,但对负向盈余管理行为的影响不显著。

表6.4　　　　　　　　　正向盈余操纵

正向 DA	模型6.1	模型6.1	模型6.1	模型6.1
HRep	0.002 (0.82)	0.006 (1.16)	0.017* (1.77)	0.003 (1.47)
Edu	-0.010 (-0.86)			
Exp		-0.001*** (-3.24)		
CCP				
Lead			-0.017*** (-2.79)	
Edu * HRep	-0.033* (-1.79)			
Exp * HRep		-0.001** (-1.97)		0.002*** (3.82)
CCP * HRep			-0.029** (-2.12)	
Lead * HRep				-0.002*** (-4.18)
Size	-0.006*** (-9.80)	-0.006*** (-10.33)	-0.006*** (-9.52)	-0.006*** (-9.86)
Lev	0 (-0.95)	-0.00100 (-1.24)	0 (-1.04)	0 (-0.96)
QR	-0.001*** (-6.03)	-0.001*** (-5.96)	-0.001*** (-6.02)	-0.001*** (-6.07)

续表

正向 DA	模型 6.1	模型 6.1	模型 6.1	模型 6.1
CF	−0.023*** (−26.52)	−0.023*** (−26.77)	−0.023*** (−26.53)	−0.023*** (−26.60)
Grow	0.017*** (8.64)	0.017*** (8.75)	0.017*** (8.48)	0.017*** (8.50)
Loss	−0.019*** (−7.06)	−0.020*** (−7.30)	−0.019*** (−7.08)	−0.019*** (−7.02)
SP	−0.010*** (−7.47)	−0.010*** (−7.62)	−0.010*** (−7.50)	−0.010*** (−7.37)
ST	0.009** (2.25)	0.008** (2.03)	0.009** (2.21)	0.009** (2.27)
RR	0.009*** (4.65)	0.009*** (4.66)	0.009*** (4.65)	0.009*** (4.61)
IR	0.026** (2.07)	0.027** (2.14)	0.028** (2.19)	0.029** (2.27)
MR	−0.004 (−0.55)	−0.006 (−0.71)	−0.005 (−0.56)	−0.004 (−0.54)
Top1	0.002 (0.53)	0.002 (0.48)	0.002 (0.38)	0.002 (0.39)
CC	0 (−0.19)	0 (0.05)	0 (−0.15)	0 (−0.19)
Chg	0.009*** (3.97)	0.008*** (3.81)	0.009*** (4.01)	0.009*** (3.98)
Tenu	0.000** (2.40)	0.000*** (3.27)	0.000** (2.19)	0.000** (2.08)
Constant	0.208*** (15.27)	0.222*** (15.84)	0.216*** (15.13)	0.204*** (14.97)
Year	控制	控制	控制	控制
Ind	控制	控制	控制	控制
R^2	0.174	0.178	0.176	0.175
F 值	33.49	34.23	33.80	33.75
N	13240	13240	13240	13240

注：括号内是 t 值，***、**和*分别表示在1%、5%和10%的水平上显著相关。

表 6.5 负向盈余操纵

负向 DA	模型 6.1	模型 6.1	模型 6.1	模型 6.1
HRep	-0.003 (-0.75)	-0.009 (-1.35)	0.031** (2.53)	-0.005** (-2.00)
Edu	0.0130 (0.82)			
Exp		-0.0004 (-0.71)		
CCP				
Lead			0.001 (0.14)	
Edu*HRep	-0.021 (-0.90)			
Exp*HRep		0.0004 (0.53)		-0.001 (-1.38)
CCP*HRep			-0.052*** (-2.99)	
Lead*HRep				0.0005 (0.98)
Size	-0.010*** (-13.39)	-0.010*** (-13.25)	-0.010*** (-13.11)	-0.010*** (-13.39)
Lev	0.002*** (3.58)	0.002*** (3.58)	0.002*** (3.65)	0.002*** (3.62)
QR	-0.002*** (-5.19)	-0.002*** (-5.16)	-0.002*** (-5.18)	-0.002*** (-5.23)
CF	0.022*** (19.99)	0.022*** (19.98)	0.022*** (20.01)	0.022*** (19.97)
Grow	0.015*** (5.10)	0.015*** (5.10)	0.015*** (5.09)	0.015*** (5.15)
Loss	0.042*** (15.22)	0.042*** (15.20)	0.042*** (15.20)	0.042*** (15.20)
SP	0.006*** (3.80)	0.006*** (3.79)	0.006*** (3.85)	0.006*** (3.76)

续表

负向 DA	模型 6.1	模型 6.1	模型 6.1	模型 6.1
ST	0.003 (0.74)	0.003 (0.74)	0.003 (0.75)	0.003 (0.77)
RR	-0.000 (-0.05)	-0.000 (-0.09)	-0.000 (-0.11)	0.000 (0.00)
IR	0.003 (0.21)	0.003 (0.19)	0.004 (0.22)	0.004 (0.25)
MR	-0.005 (-0.49)	-0.004 (-0.48)	-0.004 (-0.44)	-0.005 (-0.54)
$Top1$	0.006 (1.11)	0.006 (1.10)	0.006 (1.15)	0.006 (1.13)
CC	0.001 (0.61)	0.001 (0.63)	0.001 (0.58)	0.001 (0.63)
Chg	0.004 (1.36)	0.004 (1.35)	0.004 (1.42)	0.004 (1.33)
$Tenu$	-0.000 (-1.57)	-0.000 (-1.49)	-0.000 (-1.51)	-0.000* (-1.70)
$Constant$	0.270*** (16.06)	0.274*** (15.82)	0.267*** (15.22)	0.273*** (16.28)
$Year$	控制	控制	控制	控制
Ind	控制	控制	控制	控制
R^2	0.130	0.130	0.131	0.131
F 值	22.02	22.01	22.29	22.16
N	6377	6377	6377	6377

注：括号内是 t 值，***、** 和 * 分别表示在 1%、5% 和 10% 的水平上显著相关。

6.3.6 稳健性测试

为使研究结论更趋稳健，本书从两个方面进行了稳健性测试。

1. 审计质量：盈余操纵的替代计算方法

本书采用 Kothari 等（2005）修正的截面 Jones 模型，采用可操纵性应计利润的绝对值作为审计质量的替代变量来予以验证。表 6.6 的结果表明：交乘项 $Edu \times HRep$、$CCP \times HRep$、$Lead \times HRep$ 的回归系数都为负数，而且至少在 10% 的水平上显著负，$Exp \times HRep$ 的系数为负但未达到 10% 的显著水平，这与前述主测试的结果一致。表 6.7 和 6.8 的结果显示：在区分盈余操纵的方向之后，仅在正向盈余操纵中，交乘项 $Edu \times HRep$、$Exp \times HRep$、$CCP \times HRep$、$Lead \times HRep$ 的回归系数显著为负；在负向盈余操纵中，交乘项 $Edu \times HRep$、$CCP \times HRep$ 的回归系数均为负，$Exp \times HRep$、$Lead \times HRep$ 的回归系数为正，但大都不显著。这些结果与前述主测试的结果基本一致。

表 6.6 Kothari 模型的盈余操纵

变量	模型 6.1	模型 6.1	模型 6.1	模型 6.1
HRep	0.001 (0.35)	−0.001 (−0.13)	0.026*** (3.27)	−0.001 (−0.56)
Edu	0.002 (0.24)			
Exp		−0.001** (−2.28)		
CCP				
Lead			−0.006 (−1.22)	
Edu * HRep	−0.030** (−2.04)			
Exp * HRep		−0.0005 (−0.91)		0.0004 (1.20)
CCP * HRep			−0.042*** (−3.79)	
Lead * HRep				−0.001* (−1.67)
Size	−0.006*** (−13.67)	−0.007*** (−13.95)	−0.006*** (−13.30)	−0.007*** (−13.71)
Lev	0.001** (2.02)	0.001* (1.90)	0.001** (2.03)	0.001** (2.07)

续表

变量	模型 6.1	模型 6.1	模型 6.1	模型 6.1
QR	-0.001*** (-7.06)	-0.001*** (-7.00)	-0.001*** (-7.05)	-0.001*** (-7.13)
CF	-0.002*** (-3.76)	-0.002*** (-3.83)	-0.002*** (-3.68)	-0.002*** (-3.82)
$Grow$	0.020*** (12.01)	0.020*** (12.08)	0.020*** (11.90)	0.020*** (11.97)
$Loss$	0.007*** (3.63)	0.007*** (3.49)	0.007*** (3.59)	0.007*** (3.64)
SP	-0.002 (-1.60)	-0.002* (-1.66)	-0.002 (-1.58)	-0.002 (-1.55)
ST	0.005* (1.75)	0.005* (1.65)	0.005* (1.74)	0.005* (1.76)
RR	0.004*** (2.70)	0.004*** (2.67)	0.004*** (2.65)	0.004*** (2.72)
IR	0.019* (1.87)	0.019* (1.88)	0.020* (1.93)	0.021** (2.01)
MR	-0.026*** (-4.24)	-0.027*** (-4.34)	-0.026*** (-4.22)	-0.026*** (-4.27)
$Top1$	0.004 (1.15)	0.004 (1.11)	0.004 (1.07)	0.004 (1.09)
CC	0.001 (0.80)	0.001 (0.98)	0.001 (0.79)	0.001 (0.84)
Chg	0.005*** (2.68)	0.004** (2.55)	0.005*** (2.78)	0.005*** (2.69)
$Tenu$	0.000 (0.55)	0.000 (1.07)	0.000 (0.49)	0.000 (0.30)
$Constant$	0.210*** (19.53)	0.219*** (19.75)	0.211*** (18.78)	0.210*** (19.53)
$Year$	控制	控制	控制	控制
Ind	控制	控制	控制	控制
R^2	0.063	0.064	0.065	0.064
F 值	20.81	21.00	21.26	20.85
N	13240	13240	13240	13240

注：括号内是 t 值，***、** 和 * 分别表示在 1%、5% 和 10% 的水平上显著相关。

表6.7　　正向Kothari模型的盈余操纵

正向DA	模型6.1	模型6.1	模型6.1	模型6.1
HRep	0.004 (1.26)	0.006 (1.05)	0.019** (1.96)	0.002 (1.04)
Edu	-0.005 (-0.45)			
Exp		-0.002*** (-4.06)		
CCP				
Lead			-0.016*** (-2.73)	
Edu*HRep	-0.037** (-2.03)			
Exp*HRep		-0.001* (-1.71)		0.001** (2.57)
CCP*HRep			-0.030** (-2.22)	
Lead*HRep				-0.001*** (-2.89)
Size	-0.006*** (-9.81)	-0.006*** (-10.38)	-0.006*** (-9.54)	-0.006*** (-9.81)
Lev	0.000 (0.37)	0.000 (0.04)	0.000 (0.32)	0.000 (0.37)
QR	-0.002*** (-6.04)	-0.001*** (-5.93)	-0.002*** (-6.04)	-0.002*** (-6.08)
CF	-0.025*** (-29.02)	-0.025*** (-29.27)	-0.025*** (-29.03)	-0.025*** (-29.06)
Grow	0.017*** (8.89)	0.017*** (9.05)	0.017*** (8.75)	0.017*** (8.78)
Loss	-0.008*** (-3.13)	-0.008*** (-3.41)	-0.008*** (-3.18)	-0.008*** (-3.11)
SP	-0.007*** (-5.08)	-0.007*** (-5.25)	-0.007*** (-5.09)	-0.007*** (-5.01)

续表

正向 DA	模型 6.1	模型 6.1	模型 6.1	模型 6.1
ST	0.005 (1.49)	0.005 (1.29)	0.005 (1.48)	0.005 (1.50)
RR	0.007*** (3.85)	0.007*** (3.83)	0.008*** (3.88)	0.007*** (3.84)
IR	0.037*** (2.90)	0.038*** (2.94)	0.040*** (3.09)	0.040*** (3.09)
MR	-0.016** (-2.12)	-0.018** (-2.29)	-0.016** (-2.14)	-0.016** (-2.11)
Top1	-0.003 (-0.62)	-0.003 (-0.63)	-0.003 (-0.78)	-0.003 (-0.77)
CC	-0.001 (-0.49)	-0.000 (-0.16)	-0.001 (-0.51)	-0.001 (-0.50)
Chg	0.007*** (3.11)	0.006*** (3.01)	0.007*** (3.20)	0.007*** (3.12)
Tenu	0.000** (2.19)	0.000*** (3.26)	0.000** (2.00)	0.000* (1.90)
Constant	0.198*** (14.83)	0.215*** (15.67)	0.205*** (14.74)	0.194*** (14.60)
Year	控制	控制	控制	控制
Ind	控制	控制	控制	控制
R^2	0.186	0.190	0.187	0.186
F 值	35.57	36.59	35.92	35.59
N	6753	6753	6753	6753

注：括号内是 t 值，***、** 和 * 分别表示在 1%、5% 和 10% 的水平上显著相关。

表 6.8　　　　　　　　负向 Kothari 模型的盈余操纵

负向 DA	模型 6.1	模型 6.1	模型 6.1	模型 6.1
HRep	-0.002 (-0.59)	-0.005 (-0.82)	0.030** (2.57)	-0.004 (-1.64)
Edu	0.012 (0.84)			
Exp		0.0002 (0.45)		

续表

负向 DA	模型 6.1	模型 6.1	模型 6.1	模型 6.1
CCP				
Lead			0.005 (0.71)	
Edu * HRep	-0.019 (-0.89)			
Exp * HRep		0.0001 (0.11)		-0.0004 (-0.90)
CCP * HRep			-0.048*** (-2.98)	
Lead * HRep				0.0003 (0.57)
Size	-0.010*** (-13.83)	-0.010*** (-13.62)	-0.010*** (-13.53)	-0.010*** (-13.83)
Lev	0.001** (1.96)	0.001** (1.98)	0.001** (2.04)	0.001** (1.98)
QR	-0.001*** (-3.65)	-0.001*** (-3.66)	-0.001*** (-3.68)	-0.001*** (-3.70)
CF	0.022*** (20.88)	0.022*** (20.89)	0.022*** (20.90)	0.022*** (20.84)
Grow	0.015*** (5.38)	0.015*** (5.35)	0.015*** (5.35)	0.015*** (5.41)
Loss	0.022*** (7.86)	0.022*** (7.90)	0.022*** (7.82)	0.022*** (7.85)
SP	0.003** (2.07)	0.003** (2.10)	0.003** (2.11)	0.003** (2.06)
ST	0.008* (1.65)	0.008* (1.66)	0.00800 (1.63)	0.008* (1.66)
RR	-0.001 (-0.26)	-0.001 (-0.30)	-0.001 (-0.36)	-0.000 (-0.23)
IR	0.004 (0.28)	0.004 (0.28)	0.004 (0.26)	0.005 (0.31)
MR	-0.022** (-2.46)	-0.022** (-2.41)	-0.022** (-2.39)	-0.022** (-2.47)

续表

负向 DA	模型 6.1	模型 6.1	模型 6.1	模型 6.1
$Top1$	0.006 (1.17)	0.006 (1.16)	0.006 (1.20)	0.006 (1.19)
CC	0.002 (0.95)	0.002 (0.94)	0.002 (0.92)	0.002 (0.97)
Chg	0.004 (1.37)	0.004 (1.44)	0.004 (1.41)	0.003 (1.35)
$Tenu$	-0.000 (-0.41)	-0.000 (-0.51)	-0.000 (-0.36)	-0.000 (-0.52)
$Constant$	0.268*** (16.76)	0.267*** (16.19)	0.262*** (15.70)	0.270*** (16.94)
$Year$	控制	控制	控制	控制
Ind	控制	控制	控制	控制
R^2	0.111	0.111	0.112	0.111
F 值	18.67	18.66	18.89	18.74
N	6487	6487	6487	6487

注：括号内是 t 值，***、** 和 * 分别表示在1%、5%和10%的水平上显著相关。

2. 审计质量：审计报告激进度

依据 Gul 等（2013）的方法对审计报告激进度（ARA）进行计算，作为审计质量的替代度量。表 6.9 的结果显示：交乘项 $Edu \times HRep$、$Exp \times HRep$、$CCP \times HRep$、$Lead \times HRep$ 的回归系数都显著为负，说明会计师事务所的审计声誉维护机制越好，声誉溢价越高，越有助于增强会计师事务所人力资本特征的作用发挥，降低审计报告的激进度，从而提高审计质量。这与前述主测试的结论一致。

表 6.9　　　　　　　　审计报告激进度

ARA	模型 6.1	模型 6.1	模型 6.1	模型 6.1
$HRep$	0.021*** (3.10)	0.018 (1.51)	0.034 (1.55)	-0.001 (-0.13)
Edu	0.021 (0.76)			

续表

ARA	模型 6.1	模型 6.1	模型 6.1	模型 6.1
Exp		-0.001 (-0.57)		
CCP				
Lead			-0.024* (-1.76)	
Edu * HRep	-0.159*** (-3.82)			
Exp * HRep		-0.003** (-1.97)		-0.0001 (-0.15)
CCP * HRep			-0.054* (-1.73)	
Lead * HRep				-0.0002** (-2.20)
Size	-0.009*** (-6.64)	-0.009*** (-6.91)	-0.009*** (-6.39)	-0.009*** (-6.62)
Lev	-0.004*** (-3.77)	-0.004*** (-3.82)	-0.004*** (-3.78)	-0.004*** (-3.76)
QR	0.001* (1.68)	0.001* (1.69)	0.001* (1.72)	0.001 (1.62)
CF	0.005** (2.49)	0.004** (2.43)	0.005** (2.52)	0.005** (2.45)
Grow	0.012** (2.57)	0.012*** (2.60)	0.012** (2.46)	0.012** (2.52)
Loss	0.028*** (5.15)	0.027*** (5.06)	0.028*** (5.10)	0.028*** (5.11)
SP	0.008** (2.57)	0.008** (2.59)	0.008*** (2.60)	0.008** (2.59)
ST	-0.128*** (-15.43)	-0.129*** (-15.47)	-0.128*** (-15.43)	-0.128*** (-15.42)
RR	0.001 (0.22)	0.001 (0.14)	0.001 (0.15)	0.001 (0.22)

续表

ARA	模型 6.1	模型 6.1	模型 6.1	模型 6.1
IR	-0.014 (-0.46)	-0.012 (-0.42)	-0.012 (-0.39)	-0.011 (-0.36)
MR	-0.284*** (-16.43)	-0.285*** (-16.46)	-0.284*** (-16.44)	-0.285*** (-16.45)
Top1	0.007 (0.79)	0.007 (0.71)	0.006 (0.65)	0.007 (0.69)
CC	-0.006* (-1.93)	-0.006* (-1.77)	-0.006* (-1.87)	-0.006* (-1.87)
Chg	0.002 (0.35)	0.002 (0.39)	0.003 (0.52)	0.002 (0.49)
Tenu	0.001*** (4.17)	0.001*** (4.35)	0.001*** (4.02)	0.001*** (3.90)
Constant				
Year	控制	控制	控制	控制
Ind	控制	控制	控制	控制
R^2	0.052	0.051	0.051	0.051
F 值	16.25	15.99	16.03	15.85
N	12753	12753	12753	12753

注：括号内是 t 值，***、** 和 * 分别表示在 1%、5% 和 10% 的水平上显著相关。

6.4 本章小结

本章选取 2010~2015 年中国沪、深两市的 A 股上市公司为研究样本，以审计师声誉的高低和审计师声誉对会计师事务所人力资本的交互作用为基础，分析审计师声誉对会计师事务所人力资本与审计质量之间关系的调节作用。本章采用中国注册会计师协会公布的历年百强会计师事务所综合排名信息来衡量审计师声誉高低。通过审计师声誉对学历结构、执业经验、党员比例及领军人才等人力资本特征和审计质量之间关系的调节作用，分别设置相应的交乘项进行检验。

研究结果显示：（1）可操纵性应计数额的绝对值（DA）与高审计师声誉（HRep）显著负相关；其次，各交乘项 $Edu \times HRep$、$Exp \times HRep$、$CCP \times HRep$、$Lead \times HRep$ 与 DA 显著负相关。初步表明：高审计声誉有助于增强会计师事务所人力资本特征与审计质量之间的关系。上述结果综合说明，在审计师声誉高的情况下，审计声誉溢价能够增强会计师事务所人力资本特征与审计质量之间正向的关系，与假设的预期一致。（2）本书在区分盈余操纵的方向做进一步分析后，发现会计师事务所的审计声誉对人力资本特征的调节作用主要体现在对公司正向盈余管理行为的抑制作用，但对负向盈余管理行为的影响不显著。（3）通过稳健性测试，对审计质量采用盈余操纵的替代计算方法进行测试。一是，采用可操纵性应计利润的绝对值作为审计质量的替代变量来予以验证，消除其他变更因素可能产生的影响。通过对盈余操纵的方向予以区分之后，仅在正向盈余操纵过程中，得出所有交乘项的回归系数显著为负；在负向盈余操纵中，交乘项 $Edu \times HRep$、$CCP \times HRep$ 的回归系数均为负，$Exp \times HRep$、$Lead \times HRep$ 的回归系数为正，但大都不显著；这些结果与前述主测试的结果基本一致。二是，以审计报告激进度（ARA）作为审计质量的替代度量，得出所有交乘项的回归系数都显著为负。这说明会计师事务所的审计声誉维护机制越好，声誉溢价越高，越有助于增强会计师事务所人力资本特征发挥作用，降低审计报告的激进度，从而提高审计质量。这与前述主测试的结论一致。

第7章 研究结论与政策建议

7.1 研究结论与展望

审计质量对于注册会计师行业的生存与发展至关重要,也是证券监管部门及投资者关注的重点。近年来,审计质量问题已成为学者们关注的热点,关于审计质量问题的国外研究文献也日益丰富。从这些相关文献知悉,已有部分学者尝试以中国目前审计市场环境为背景,开展会计师事务所人力资本特征和审计师声誉等问题的研究,并获得了一些初步成果。虽然这些初步成果还有待于进一步深入分析和验证,但却一定程度上对该领域的研究起到了指引作用,也为本书在此基础上所做的拓展研究提供了参照和相关文献证据。

7.1.1 研究结论

长期以来,会计师事务所始终以提高审计质量作为发展的首要目标,高质量的审计服务是会计师事务所树立自身形象的重要标志,也是审计行业日趋发展和完善的原动力。审计人员的专业胜任能力和独立性与审计质量紧密相关。专业胜任能力决定着违规行为能否被发现,独立性决定着违规行为发现后被报告的可能性。对于这种"智合型"行业而言,会计师事务所的人力资本特征和审计师声誉在某种程度上对审计人员的专业性和独立性有着重要影响,与审计质量之间也形成了密不可分的关系。一方面,注册会计师作为审计服务的主要负责人员,其自身素质直接影响审计质量的高低以及审计目标的实现。注册会计师的专业胜任能力是有效实施审计工作的必备条件，反映审计人员应具备的专业素质。其具体表现为在审计过程中能够有效识别财务报表中存在的错报、漏报问题。通常而言，注册会计师的专业胜任能力与审计质量之间呈正相关关系，高审计质量需要以坚实的专业能力为基础。同时，独立性则要求注册会计师保持形式上和实质上的独立，在审计过程中客观公正、不受外界干扰，为投资者和其他相关人士提供可靠的审计报告。另一方面，由于人们在生活当中对于声誉好的商品有着某种程度的偏好，这就使得商誉成为了一种资产，能够带给企业更多隐性的收益。同理，对于会计师事务所而言，优质的声誉可以吸引更多有审计需求的潜在客户，从而使会计师事务所取得更高的收入，最终实现超预期收益。而为了实现收益的可持续增长，会计师事务所势必将从各个方面不断地增强审计服务的质量，通过对优质声誉的维护来促使更多的客户被吸引而来，最终实现良性的发展循环。这样，会计师事务所既可以实现经营目标，又在社会经济发展过程中体现了自我价值。因此，审计师声誉已成为影响审计质量的重要因素之一。

  本书基于会计师事务所人力资本特征、审计师声誉的视角，在回顾相关文献的基础上，阐述了会计师事务所人力资本特征的内涵、审计师声誉的形成以及它们对审计质量产生影响的作用机理。通过分析其相关理论基础，进而提出会计师事务所人力资本特征、审计师声誉与审计质量之间关系的相关假设。然后，结合中国现阶段特定的经济环境和制度背景以及相关法律制度等因素，构建会计师事务所人力资本特征、审计师声誉与审计质量之间关系的实证检验模型。最后，在结合相关研究背景和理论分析的基础上，采用 2010~2015 年沪、深两市 A 股上市公司及其财务报告主审会计师事务所为初始研究样本，进行实证检验，最终得出本书的研究结论。概言之，本书在进行相关理论分析和实证检验的基础上主要形成了以下三个方面的研究结论：

  第一，关于会计师事务所人力资本特征与审计质量。以会计师事务所注册会计师学历水平、执业经验、注册会计师党员比例以及入选行业领军人才培训计划情况为切入点，通过构建相关数学模型，实证检验会计师事务所人力资本特征与审计质量之间的关系。本书在主测试部分采用 Jones 模型（Dechow et al., 1995）采用可操纵性应计利润的绝对值作为审计质

第7章 研究结论与政策建议

量的替代变量来予以验证。研究结果表明：（1）在全样本视角下，这些结果综合表明会计师事务所的注册会计师人员学历层次越高，执业经验越丰富，共产党党员比例越高及入选全国领军人才培养项目的人数越多，审计质量越高。（2）本书在区分盈余操纵的方向做进一步分析，发现会计师事务所人力资本特征对公司的正向盈余管理行为具备较好的解释力。学历结构层次越高、职业经验丰富及党员审计师越多、入选领军人才培养项目的高级人才越多，都有助于抑制公司通过应计项目向上调整利润的行为，但对负向盈余管理行为的影响不显著。（3）通过稳健性测试，对审计质量采用盈余操纵的替代计算方法测试。一是，采用可操纵性应计利润的绝对值作为审计质量的替代变量来予以验证，消除其他因素变更可能产生的影响，多元回归分析结果与主测试基本一致。二是，以审计报告激进度（ARA）作为审计质量的替代度量，会计师事务所的人力资本特征变量 Edu、Exp、CCP、Lead 的回归系数都显著为负，说明会计师事务所的注册会计师人员学历结构层次越高、职业经验丰富及党员审计师越多、入选领军人才培养项目的高级人才越多，越有助于降低审计报告的激进度，提高审计质量。这与前述主测试的结论一致。

第二，关于审计师声誉与审计质量。以审计师声誉受损和审计师声誉溢价为切入点，考察审计师声誉与审计质量之间的关系。研究结果表明：（1）在全样本视角下，可操纵性应计数额的绝对值（DA）与审计师声誉受损（Sanc）、审计师声誉溢价（会计师事务所排名 Rep）都显著正相关。表示审计师声誉受损、抑或审计师声誉溢价相对较低（综合排名靠后）的会计师事务所，客户公司的盈余操纵更高，审计质量更低，这与预期一致。（2）本书在区分盈余操纵的方向做进一步分析后发现，会计师事务所的审计声誉特征对公司的正向盈余管理行为具备较好的解释力。审计师声誉溢价越高，越有助于抑制公司通过应计项目向上调整利润的行为，但对负向盈余管理行为的影响并不显著。（3）通过稳健性测试，对审计质量采用盈余操纵的替代计算方法进行测试。一是，采用可操纵性应计利润的绝对值作为审计质量的替代变量来予以验证，消除其他变更因素可能产生的影响。声誉受损变量（Sanc）、审计师声誉溢价变量（Rep）的回归系数均为正，而且至少在5%的水平上显著。通过对盈余操纵的方向予以区分之后，仅在正向盈余操纵过程中会计师事务所的审计声誉特征变量 Sanc、

Rep 的回归系数显著为正；但是，在负向盈余操纵中 Sanc、Rep 的回归系数大都为正，但不显著。多元回归分析结果与主测试基本一致。二是，以审计报告激进度（ARA）作为审计质量的替代度量。审计师声誉受损变量（Sanc）、审计师声誉溢价变量（Rep）的回归系数都显著为正，说明会计师事务所的审计师声誉维护机制越好、声誉溢价越高，越有助于降低审计报告的激进度，从而提高审计质量。这与前述主测试的结论一致。

第三，关于审计师声誉在会计师事务所人力资本特征和审计质量之间调节效应。本书针对审计师声誉对学历结构、执业经验、党员比例及领军人才等人力资本特征和审计质量之间关系的调节作用，分别设置相应的交乘项进行检验。研究结果表明：（1）可操纵性应计数额的绝对值（DA）与高审计师声誉（HRep）显著负相关；其次，各交乘项 $Edu*HRep$、$Exp*HRep$、$CCP*HRep$、$Lead*HRep$ 与 DA 显著负相关。初步表明：高审计声誉有助于增强会计师事务所人力资本特征与审计质量之间的关系。上述结果综合说明，在审计师声誉高的情况下，审计声誉溢价能够增强会计师事务所人力资本特征与审计质量之间正向的关系，与假设的预期一致。（2）本书在区分盈余操纵的方向做进一步分析后，发现会计师事务所的审计声誉对人力资本特征的调节作用主要体现在对公司的正向盈余管理行为的抑制作用，但对负向盈余管理行为的影响不显著。（3）通过稳健性测试，对审计质量采用盈余操纵的替代计算方法进行测试。一是，采用可操纵性应计利润的绝对值作为审计质量的替代变量来予以验证，消除其他变更因素可能产生的影响。通过对盈余操纵的方向予以区分之后，仅在正向盈余操纵过程中，得出所有交乘项的回归系数显著为负；在负向盈余操纵中，交乘项 $Edu*HRep$、$CCP*HRep$ 的回归系数均为负，$Exp*HRep$、$Lead*HRep$ 的回归系数为正，但大都不显著。这些结果与前述主测试的结果基本一致。二是，以审计报告激进度（ARA）作为审计质量的替代度量。得出所有交乘项的回归系数都显著为负，说明会计师事务所的审计声誉维护机制越好，声誉溢价越高，越有助于增强会计师事务所人力资本特征作用的发挥，降低审计报告的激进度，从而提高审计质量，与前述主测试的结论一致。

综上所述，结合中国特殊的经济环境和制度背景，本书分析了会计师事务所人力资本特征、审计师声誉对审计质量的作用机理，以沪、深 A 股上市公司的相关数据为样本，通过构建研究模型并对会计师事务所人力资本特征、审计师声誉与审计质量之间的关系予以实证检验。以期为广大投资者及其他相关人士更清晰地认识注册会计师审计行为，了解会计师事务所人力资本特征及审计师声誉对审计质量的影响提供参考。总体上说，本书关于会计师事务所人力资本特征、审计师声誉的研究拓展和延伸了审计质量相关问题的文献与成果，为该领域的研究进一步提供了来自中国的经验证据。

7.1.2 未来研究方向

尽管本书对会计师事务所人力资本特征、审计师声誉与审计质量关系进行了分析和研究，并且取得了一些发现，但这并不能代表对该领域的研究已经悉数详尽。囿于篇幅以及个人研究能力因素，该研究领域仍存在的一些值得关注的方向，以待在未来进一步深入探讨。概言之，未来的研究可以从以下三个方面予以拓展：

第一，对会计师事务所层面人力资本特征的度量指标进行新的拓展和设计。通过梳理已有相关文献，本书以会计师事务所人力资本特征中的整体学历水平（硕士以上学历人员比例）、执业经验、政治面貌以及参加领军人才培训计划人数等作为切入点，采用这些变量来考察人力资本特征与审计质量之间的关系。通过理论分析与实证检验的结果，得出与预期一致的研究结论。然而，会计师事务所人力资本特征包含众多维度，比如：会计师事务所注册会计师比例、新入职员工所占比重、培训完成情况等都或多或少可能影响其执业行为表现以及最终审计报告的质量。囿于篇幅所限，这些人力资本特征维度无法在本书研究中悉数展现出来。未来可沿着实证研究设计的思路，寻找一些新的、合适的变量，以便未来将在此方面深入挖掘与拓展。

第二，开展关键合伙人、签字注册会计师等个体层面的人力资本特征的研究。本书仅研究了会计师事务所层面的人力资本特征，但会计师事务所中关键合伙人以及具体执行审计业务的签字注册会计师的人力资本特征均可能对其执业行为表现、胜任能力及独立性产生影响，进而影响最终的审计结果呈现及其质量。将人力资本特征的研究从会计师事务所层面推进到个体层面，继而结合中国特定的证券市场环境及制度背景，考察这些关键的个体特征与审计质量之间的关系。这一现实问题将作为未来研究的一个方向。

第三，将审计师声誉与审计质量的研究视角予以拓展，考察审计师声誉与投资者保护。在中国资本市场上，大股东对小股东的利益侵占主要是通过资金占用、关联交易等方式来实现。以往关于声誉的研究大多认为，审计师声誉的作用机制主要集中体现在提高审计质量层面上。声誉从激励和约束两个方面促使会计师事务所对于客户公司提供的会计信息的质量予以监督，甚至可能出具非标审计意见来实现保护投资者的目标。然而，作为辨识审计质量高低的重要信号，声誉虽然在某种程度上使披露的信息在质量方面得以提升，但能否就此对大股东形成约束？能否为证券监管机构传递有效的信号？能否抑制大股东的掠夺行为并起到保护小股东的作用？以往的文献却很少对此展开研究。这也将是未来该领域研究中一个值得努力探索的方向。

7.2 政策建议

众所周知，注册会计师审计是一项以提升客户公司财务报告信息的可靠性、维护投资者的合法权益为目的的工作。审计工作的质量是衡量这项职业是否有效发挥作用的标准。根据本书理论分析与实证研究的结论可知，会计师事务所人力资本特征与审计师声誉在审计过程中具体表现在注册会计师专业胜任能力水平和独立性两个方面，并进而对审计质量产生影响。鉴于此，本书通过结合现阶段中国相关制度背景以及注册会计师行业的发展状况，针对注册会计师的学历教育水平、后续的职业培训、注册会计师执业经验、会计师事务所治理机制、注册会计师执业行为监管以及会计师事务所声誉机制等方面提供一些或不成熟的政策建议。

7.2.1 多维度提升注册会计师综合素质

由于会计师事务所"智合"的特殊属性，使得它对从业人员各方面素质的要求比一般的企业更高。多维度提升注册会计师的综合素质有助于增强其专业胜任能力，从而进一步发挥会计师事务所的行业竞争优势。具体而言，可以从以下几个方面着手：

1. 加大人力资本投资，引进更多的高学历人才

会计师事务所审计风险的大小取决于最终出具的审计报告的质量。会计师事务所可以通过各项举措吸收更多高层次、高学历的专业人才来提高审计质量。这不仅能提升会计师事务所的行业竞争能力，还将吸引更多优秀的人才加盟，从而实现持续、健康的良性发展目标。

注册会计师各项能力的形成大致可以分为两个阶段。第一阶段为知识形成阶段，这个过程主要是通过在高校学习会计、审计以及其他必备的相关专业知识，从而为日后工作奠定理论基础；第二阶段为程序性阶段，这个过程主要是通过在具体的审计业务中不断积累执业经验，提升专业技术能力而获得。这两个阶段在会计师事务所人力资本形成和发展的过程中起着至关重要的作用。在知识养成阶段，应注重加强注册会计师的学历和专业教育。本书上述实证研究结果也显示，注册会计师学历水平影响审计工作质量，在同等条件下，学历水平越高，业务水平相对来说也越高，审计工作的质量也更有保证。

会计师事务所属于智力密集型行业，人才的竞争尤为激烈。因此，从会计师事务所角度来看，一方面，应加大力度引进受过良好专业教育的毕业生，尤其是会计、审计以及相关专业的优秀毕业生，据此来提升会计师事务所的整体专业背景和学历层次。当前，在面临国际"四大"激烈竞争的市场环境下，中国本土会计师事务所应通过积极制定切实可行的人才引进方案，提升从业人员的学历层次，增强注册会计师后备力量；另一方面，因当前国际"四大"会计师事务所报酬优厚、工作环境优越、激励机制完备以及职业发展空间较大的优势，致使中国国内部分优秀的注册会计师人才流失严重，继而使中国本土会计师事务所的竞争实力和发展潜力受到严重影响。中国本土会计师事务所应充分结合自身条件，同时借鉴国际"四大"的先进经验，不断提升同业竞争力和发展潜力。同时，积极引导注册会计师通过接受更多高层次专业学习来丰富和拓宽职业视野，并辅以行之有效的激励分配机制来提升其执业的积极性和行业凝聚力，最终实现本土会计师事务所的良性发展。

2. 加强注册会计师职业培训，重视高层次人才培养

注册会计师职业培训不仅包括一般意义上的继续教育，还包括各类复合型高端人才的培养。2005年底财政部正式发起全国会计领军（后备）人才培养计划，为中国培养复合型高端注册会计师人才提供了有利条件，同时为各层次会计类人才的培育提供了借鉴。然而，如果要使中国注册会计师行业整体水平迈上一个新台阶，仅仅凭借少数领军人才去发挥效用辐射效应还是有限的。这项大型人才培养工程需要依靠全体注册会计师行业监管部门的支持与协作才能早日完成。在具体实施过程中，各级注册会计师协会应充分考虑本地的自身情况和行业发展水平，学习会计领军人才培养的经验与方式，因地制宜地制定与出台适合当地注册会计师行业人才培养的可行性办法。与此同时，相关管理部门也应当本着将本地会计师事务所做强、做优的思路，为人才培训提供各方面的资源，为广大学员搭建沟通交流的平台，着力发展区域范围内优秀审计人才，打造行业领先名片。这种上下齐心协力、共同参与的模式，有利于提升中国注册会计师行业的整体实力和品牌效应，增强在国际上的同业竞争优势。为了更好地落实人才培养目标，各地会计师事务所应对相关政策给予大力支持和密切配合，通过建立切实可行的人才激励和约束机制来促进更多专业突出的注册会计师广泛参与到同业交流与互动中来。培养一批拥有坚实的理论基础和精湛的业务知识的国际化注册会计师人才，建立有较强优势的行业品牌名片，这必须依靠各个部门齐心协力、多层次、多方位的有效监督和指引。

概言之，加强注册会计师从业人员执业能力的培养，提升从业人员的综合素质，打造一支高水平的注册会计师队伍，以优质的审计服务质量来提高市场竞争能力，已成为当前一项迫在眉睫且意义重大的艰巨任务。

3. 侧重注册会计师执业经验积累，培养行业专才

基于会计师事务所"智合"的行业特点，注册会计师专业胜任能力的提升与其在执业过程中长期经验的积累息息相关。本书研究显示，拥有丰富执业经验的注册会计师较之于执业经验较少的注册会计师，更能准确、有效地控制审计风险，提高审计质量，进而减少审计过程中的各项失误，避免审计失败的发生。因此，本书提出会计师事务所应加强对注册会计师执业经验的重视程度。首先，针对不同类型或不同规模客户的审计业务所

形成的审计经验应予以区别分析并进行汇总,始终保持高度重视的态度;其次,还应加强对同一客户不同会计年度审计业务之间的交流与沟通,积累审计经验;最后,会计师事务所还应从长期持续健康发展的角度出发,搭建恰当的互动交流平台,提升会计师事务所自身经验交流与互相学习氛围,实现审计专家相关专业经验与知识的广泛传播和审计新人通过交流与学习不断积累经验快速成长的双赢局面。

由于注册会计师在执业过程中形成了一定的行业集中度,这将有利于其对这些行业的客户公司有一个相对全面的认识,增强某些相关领域审计经验的沉淀,从而为客户公司提供高质量的审计服务。故此,针对那些在某一特定领域具有专长的注册会计师应加大扶持和培养力度,使其行业专长得以充分地发挥。一方面,对注册会计师选择能够发挥自身专长的行业予以积极支持与配合,增强其对该行业整体发展状况、经营管理特点、产品特性以及可能发生审计风险的情况的辨识和了解,最终实现对特定行业经验与技能的优势汇总;另一方面,会计师事务所也要预防那些不结合实际情况的专攻现象发生,降低因长期只对某些客户进行审计而造成其他方面审计技能的逐渐丢失,预防因执业集中而引发注册会计师审计独立性缺失的行为发生。概言之,会计师事务所应当在确保独立性的前提下,建立正确的质量控制机制,提升注册会计师的专业胜任能力与行业专长,实现审计服务质量迈上新的台阶。

7.2.2 充分发挥党员注册会计师"传帮带"作用

众多周知,独立性是注册会计师执业过程是否合法、合规的有效保证,也是提供高质量审计服务不可或缺的条件之一。在对客户公司财务信息鉴定工作中,注册会计师依照相关审计准则进行业务操作的同时,还应当恪守相关职业道德标准,拥有良好的思想道德素质。既要保证在形式上独立于被审计单位,更要保证精神上的实质独立性,这是审计服务质量得以保证的前提。然而,在具体的审计实务工作中,并非每位注册会计师都能切实履行。基于对被审计单位在经济上的依赖性,会计师事务所的注册会计师在对重要客户公司的审计过程中,可能会出现某些机会主义现象。与此同时,受审计市场竞争态势以及客户公司管理层不恰当的过分干涉影响，使得部分注册会计师未能保持审计工作中应有的独立性。各种复杂繁多的内外因素结合在一起，可能引发注册会计师在审计过程中与客户公司合谋甚至舞弊等行为，对审计服务质量的效果构成威胁。

注册会计师的审计行为均应受到独立审计准则所约束。准则要求注册会计师在审计活动过程中站在独立、客观、公正的立场上，保持应有的职业谨慎，恪守为社会公众服务的目标，出具高质量的审计报告。独立性是审计人员保持客观、公正执业行为的前提条件，它与审计人员自身的思想品质、道德标准紧密相关。加入中国共产党成为一名党员必须具备良好的思想素质，作为一名合格的党员则要求一贯坚守纪律、讲规矩，遵纪守法、恪守党章，主动学习各项有利于做好工作的本领。符合这些标准的党员注册会计师有利于在工作中掌握科学的思想方法和工作方法，不断提高解决实际问题的水平和能力。这些标准和要求无形中有助于提高党员注册会计师的职业道德和审计独立性。党员注册会计师应当充分发挥自身在职业道德修养、道德观念和价值观念上的优势，在对自身进行严格自律的情况下，还应发挥"传帮带"作用，发挥专业和职业道德优势。在工作过程中不断地指导、帮助"新人"提高专业胜任能力、保持应有的职业谨慎和独立性。同时，以良好的职业道德带动会计师事务所其他工作人员保持应有的形式上和实质上的独立性。党员注册会计师应将职业道德的各项规范视为自身开展行动的准则和自我约束的标准，在工作中恪守公平、公正的态度，保持独立自主的工作作风，不为客户公司的任何不当干预所困扰。在他们先进性思想的带动下，会计师事务所上下一致、齐心协力全力打造高质量的审计服务。

7.2.3 健全会计师事务所治理机制

在当前经济环境下，证券市场能否充分发挥其应有的作用，很大程度上取决于会计信息是否真实、可靠。对于投资者而言，其各种投资决策主要受到公开披露的会计信息所影响，而注册会计师审计则是通过履行鉴证职责对投资者和其他相关人士所关注的会计信息提供了相应的保证。故此，鉴证财务信息后出具的审计报告的质量成为人们关注的焦点。由于审计质量与审计风险息息相关，因此学者们通常以"注册会计师发现财务报

第7章 研究结论与政策建议

告中存在一定的错报并将其予以披露的联合概率"来定义审计质量。由此可知,注册会计师的专业胜任能力和独立性共同影响审计质量的优劣。然而,审计质量的优劣并非仅仅取决于审计师单方的努力,它还将同时受到监管部门以及客户公司等多方因素的共同影响。由此可知,完善会计师事务所治理机制、加强注册会计师执业行为监管对提高审计质量显得至关重要。

1. 加强会计师事务所制度建设,探索发展新途径

注册会计师的审计工作需要立足并依靠会计师事务所得以实现,加强会计师事务所制度建设是注册会计师审计质量得以保障的前提。首先,无论任何规模的会计师事务所,都应当对客户公司可能发生的审计风险建立一套有效的质量控制机制。同时,制定员工的激励与约束机制,做到切实维护员工的正当权益,提升员工的归属感与自我价值认可度。逐步形成相互信任、相互交融的企业文化,将会计师事务所"人合"的特性落到实处。其次,会计师事务所应当结合其人力资本特色,综合考虑注册会计师的学历水平、培训经历、相关行业执业经验及重要客户关系等特征,完善内部员工档案。因为这些因素都或多或少对注册会计师专业胜任能力及独立性产生影响。再次,针对不同的客户配置不同的审计师资源,特别是对那些重要性高的"大客户"和初次承接的"新客户"应予以格外关注,做到审计工作既节约成本又保质保量,最终实现综合效益最优化。最后,会计师事务所还应在立足于国家各项人才培养目标与政策的基础上,开拓与发展国际化路径,增强与国际"四大"的交流与合作,输送各方面表现突出的注册会计师到国外培训与学习,使其知识和技能得以提升,视野更加开阔。本土会计师事务所可以采用境外项目合作的方式,加强与国际大型会计师事务所的相互业务往来,逐步向国际化迈进。同时,中国的注册会计师行业监管部门也应大力扶持国内综合实力领先的会计师事务所,依托中国海外上市公司设立境外分支机构,在会计师事务所国际化道路上迈出新的里程碑。

2. 加强注册会计师执业行为监管

近年来,中国注册会计师行业监管部门就审计执业问题颁布了一系列规范与准则。这些政策的出台在维护中国审计市场正常秩序和注册会计师执业行为监督等方面起到了举足轻重的作用。如:《中国注册会计师执业准则》《中国注册会计师职业道德守则》等。然而，由于注册会计师执业工作环境相对复杂，各种不确定因素时刻存在，规范和准则还存在诸多尚需改进和补充的空间。

对注册会计师执业行为的监管可以从两个方面考虑。一方面，建立健全相关监管法规，加大对违反法律法规的执行与处罚力度。尽管现阶段已有一些监督注册会计师执业行为的规范出台，但仍然存在尚未考虑周全的地方。比如：由于签字注册会计师与其客户公司之间存在着某种特定的人际关系，跳槽时将其客户一并带走，审计独立性也由此受到影响。而且，出于利益绑定或其他原因，签字注册会计师有可能对"老客户"的要求予以配合，在某种程度上形成审计意见购买。总之，监管部门应对注册会计师执业过程中的各种流动行为予以密切关注。通过制定相关规范对人员流动实施管理，要求人员流动过程中涉及的各方对这些相关信息予以披露，帮助监管机构和广大投资者及时、准确地了解情况，进而实现对机会主义行为的有效遏制。此外，监管部门还需要对出台的相关法规的执行力度予以关注，避免法规成为一纸空文，没有达到应有的效果。另一方面，进一步细化违规行为惩戒机制，确保各项法规有效实施。在当前法制体系下，关于注册会计师虚假陈述行为引发民事责任的相关法规陆续出台，如《证券法》《公司法》以及《注册会计师法》等。在这种情况下，只要监管部门察觉到注册会计师执业过程中存在与客户串通或合谋等蓄意舞弊行为，涉事的注册会计师将受到警告、罚款甚至终身禁入等严厉处罚。毋庸置疑，有关注册会计师行业监管的法律法规正在日趋完善。然而，对于执业过程中违规行为的性质以及严重程度的判断还需要相关法规进一步予以细化与完善和明确。在此，相关行业监管部门应加大对注册会计师违法违规行为的处罚力度，开展"师、所"并罚的有益探索，充分发挥惩戒的威慑作用，确保审计人员恪守准则，审计服务的质量得以保证。

7.2.4 强化审计师声誉运行机制的双重效用

在资本市场上，审计师声誉机制充分发挥效用受三个因素共同影响。这三个因素分别为：审计需求、审计需求的传递效率以及审计失败的发现概率。同时，审计师声誉的效用也通过资本市场的价格机制体现出来。审计师声誉机制促使资本市场加大了对高声誉审计师的追求，而低声誉的审计师则越来越多的遭到解聘直至被市场所淘汰。证券价格从理论上来说属于一种无偏估计，证券持有者可以根据对未来的预期和判断来影响证券价格。这就是通常所说的"价格保护"机制。理性的投资者会在客户公司聘请高声誉的审计师时做出积极的反应，由此引起客户公司的股票价格上涨；反过来说，当他们认为当前的审计师与客户之间不能保持独立性时，则会通过"用脚投票"，使股票价格下降。股价下跌不仅会造成所有者的财富缩水，而且还会加大公司被他人收购的风险，进而给现任管理者带来严重的考验。在这种情况下，公司为了减少这种由股价波动造成的负面反应，便会选择被市场认可的高声誉审计师。由此，声誉机制就促进了市场对高质量审计师的总体需求。换言之，如果审计师提供的审计服务质量高，将会被市场所认可，获得声誉溢价效应；而如果提供的审计服务质量低下，甚至严重违反独立性原则，则会导致审计师声誉毁损，引起客户公司股价下跌，会计师事务所的市场份额和审计收费也会受到影响。

充分发挥审计师声誉机制的效用，主要从两个方面入手。一方面，完善审计师声誉毁损反应机制。审计师因审计失败受到证监会处罚的事件会在证券市场上释放出一个强烈的信号，进而引发资本市场上的客户公司和投资者对审计失败做出相应的反应。然而，现实中的审计失败并非都是显性可见的，大量的审计失败往往是隐性存在的且不易察觉。在这种情况下，如果没有"声誉"之外的其他机制来促使审计师提高审计质量，即使出现审计失败产生各种不利后果，也不会对审计师声誉造成持续的负面影响。那么，在市场看来审计质量也就不会因声誉机制而产生本质上的改进和变化。因此，在各种行政监督的约束力有限的前提下，应采用诸如民事法律风险机制等方式作为保证审计质量的补充办法，以此来约束审计师行为。这种约束往往会在发生声誉毁损时引起审计师客户的丧失、面临各种处罚，从而使他们在执业时更加谨慎，以防止审计合谋、减少审计失败问题的发生；另一方面，充分发挥审计师声誉溢价机制的促进效应。审计师声誉通过资本市场向客户公司和投资者传递信号，投资者的信任是信号传递所产生的直接效用。换言之，因为代理人相对于委托人而言拥有更多的信息，而信息的不对称又会使得委托人对代理人的监控难以实施。因此，委托人需要依靠真实可靠的会计信息来解决这种信息不对称带来的问题。

而聘请拥有较高声誉的审计师意味着可以获得高质量的审计服务,减少由于信息不对称带来的影响,继而降低代理成本。基于资本市场中的投资者对高声誉审计师信任,在市场中占有份额较大的客户公司也继而倾向于对高声誉审计师予以聘任,以提高其会计信息在市场中的可信度。此外,从保险理论(深口袋理论)可知,在诉讼发生时高声誉审计师将对投资者承担更多的额外担保责任。此时外部审计除了对会计信息质量形成约束以达到降低代理成本的目的之外,还可以起到保险装置的作用。这是因为高声誉审计师将更有能力承担相应的民事赔偿责任。可见,无论从降低代理成本还是从承担赔偿责任能力考虑,投资者都更愿意以高报酬聘请声誉高的审计师。会计师事务所其核心竞争力的形成主要来自于以人力资本为基础构成的竞争差异化和品牌优势。品牌只有被客户和市场有效地识别,并发展成为竞争优势,才能不断增强会计师事务所的核心竞争力。这就要求会计师事务所应完善审计项目质量控制机制,树立并增强品牌价值观念,不断学习与借鉴行业领军人才的宝贵经验并在其模范带头效应的引导下不断进取。同时,审计师也应当在工作中遵循职业操守,自觉提高声誉维护意识,坚持应有的独立性,确保审计服务质量,力促资本市场健康有序的良性发展。

概言之,在相关政府部门的积极引导和市场竞争环境推动下,中国注册会计师行业的发展取得了一定的成效,已涌现出一批具有一定规模和影响的大中型会计师事务所。审计师声誉也逐渐为广大投资者所关注,并据此在公司股价上反映出来。然而,我们也应该认识到,会计师事务所的发展不能一蹴而就,审计师声誉的形成需要一个较长时期的累积过程。现阶段,中国的会计师事务所还需要通过不断地做强、做优、做大来实现未来的发展目标。除了外部环境的改善以外,会计师事务所还需通过真正提升专业人员素质,加强注册会计师职业道德建设、提高审计独立性,激励了会计师事务所建立良好品牌声誉的信心。这样才可能在未来获得声誉溢价,减少由于审计失败带来的声誉毁损。

参考文献

［1］蔡春，鲜文铎．会计师事务所行业专长与审计质量相关性的检验——来自中国上市公司审计市场的经验证据［J］．会计研究，2007（6）：41-47．

［2］蔡春，孙婷，叶建明．中国内资会计师事务所合并效果研究——基于国际"四大"审计收费溢价的分析［J］．会计研究，2011（1）：83-89．

［3］蔡春，黄益建，赵莎．关于审计质量对盈余管理影响的实证研究［J］．审计研究，2005（2）：3-10．

［4］曹玉俊．审计独立性影响因素的实证研究［J］．审计研究，2000（4）：39-51．

［5］曹文沛，夏康健，连慧颖．控制权转让交易中的审计师声誉选择——来自中国A股上市公司的经验证据［J］．江西财经大学学报，2015（6）：50-64．

［6］陈关亭，兰凌．操控性应计利润审计质量的实证比较［J］．审计与经济研究，2004（4）：16-19．

［7］陈俊，韩洪灵，陈汉文．审计质量的双维研究范式及其述评［J］．会计研究，2009（12）：76-85．

［8］陈小林，张雪华，闫焕民．事务所转制、审计师个人特征与会计稳健性［J］．会计研究，2016（6）：77-85．

［9］陈丽红，吕永斌．对英国审计质量框架的评述［J］．审计文摘，2009（4）：119-120．

［10］池玉莲，杨宁霞．审计师任期、事务所任期与审计质量［J］．中国注册会计师，2015（1）：85-90．

[11] 杜兴强，郭剑花，雷宇. 大股东资金占用、外部审计与公司治理 [J]. 经济管理，2010（1）：111-117.

[12] 丁庭选，董超，郭淑芳. 推动中国会计师事务所做大做强的途径 [J]. 中国注册会计师，2009（3）：42-44.

[13] 方军雄. 独立审计职业声誉机制研究 [J]. 中国注册会计师，2009（3）：34-38.

[14] 方军雄. 审计职业声誉损害、独立性与市场反应 [J]. 上海立信会计学院学报，2010（2）：52-64.

[15] 方军雄，洪剑峭，李若山. 中国上市公司审计质量影响因素研究：发现和启示 [J]. 审计研究，2004（6）：35-43.

[16] 郭颖. DEA模型在提高会计师事务所审计质量中的应用 [J]. 审计与经济研究，2009（5）：41-46.

[17] 高素英，赵曙明，彭喜英. 人力资本存量与企业绩效关系的实证研究 [J]. 天津大学学报，2011（1）：84-90.

[18] 韩维芳. 审计师个人经验、行业专长与审计收费 [J]. 会计与经济研究，2016（11）：91-108.

[19] 韩维芳. 审计风险、审计师个人经验与审计质量 [J]. 审计与经济研究，2017（3）：35-45.

[20] 剧杰，王会金. 降低审计质量的审计行为研究：国外实证研究述评 [J]. 南京社会科学，2010（11）：64-69.

[21] 蒋尧明，唐衍军. 会计师事务所的执业特征、智力资本与治理机制——基于进入权理论视角的研究 [J]. 当代财经，2016（10）：109-117.

[22] 蒋尧明，唐衍军. 会计师事务所人力资本、进入权与审计质量 [J]. 会计研究，2016（8）：89-96.

[23] 蒋尧明，蒋珩. 审计师个人声誉受损与公司债务融资成本——来自中国上市公司的经验证据 [J]. 当代财经，2017（7）：114-123.

[24] 罗春华，唐建新，王宇生. 注册会计师个人特征与会计信息稳健性研究 [J]. 审计研究，2014（1）：71-78.

[25] 李江涛，王冬梅，杨玉春. 审计师个人特征与审计费用率相关性研究——来自中国上市公司2009年的经验数据 [J]. 中国注册会计师，

2012 (9): 58 - 64.

[26] 李璐, 万怡, 杨敬静. 事务所转制、审计师声誉与 IPO 市场反应——基于审计需求方视角 [J]. 审计研究, 2017 (5): 20 - 29.

[27] 李建然, 高惠松. 会计师事务所人力资本与审计质量之关联性研究 [J]. 人力资源管理学报, 2007 (6): 34 - 41.

[28] 李连军. 会计师事务所声誉实证研究 [M]. 上海: 厦门大学出版社, 2006.

[29] 刘启亮, 郭俊秀, 汤雨颜. 会计事务所组织形式、法律责任与审计质量——基于签字注册会计师个体层面的研究 [J]. 会计研究, 2015 (4): 86 - 94.

[30] 刘笑霞, 李明辉. 会计师事务所人力资本特征对审计延迟的影响 [J]. 经济管理, 2016 (1): 116 - 126.

[31] 刘笑霞. 审计师惩戒与审计定价——基于中国证监会 2008 - 2010 年行政处罚案的研究 [J]. 审计研究, 2013 (3): 90 - 98.

[32] 刘笑霞, 李明辉. 会计师事务所人力资本特征与审计质量 [J]. 审计研究, 2012 (2): 82 - 89.

[33] 刘燕. 会计师事务所的人力资本问题研究 [J]. 南京审计学院学报, 2007 (8): 75 - 78.

[34] 刘峰, 赵景文, 涂国前, 黄宇明. 审计师聘约权安排重要吗?——审计师声誉角度的检验 [J]. 会计研究, 2010 (12): 49 - 56.

[35] 刘峰, 周福源. 国际四大意味着高审计质量吗?——基于会计稳健性角度的检验 [J]. 会计研究, 2007 (3): 79 - 88.

[36] 刘华, 刘国常. 事务所声誉对其机会主义约束研究 [C]. 中国会计学会学术年会会议论文集, 2011: 2480 - 2490.

[37] 彭桃英, 孟旺. 基于人力资本产权的事务所激励机制探讨 [J]. 中国注册会计师, 2007 (2): 58 - 65.

[38] 漆江娜. 中国资本市场审计质量与审计收费问题研究 [M]. 北京: 中国财政经济出版社, 2005.

[39] 漆江娜, 陈慧霖, 张阳. 事务所规模·品牌·价格与审计质量——国际"四大"中国审计市场收费与质量研究 [J]. 审计研究, 2004 (3): 59 - 65.

[40] 宋衍蘅,张海燕. 继任审计师关注前任审计师的声誉吗?——前任会计师事务所的审计质量与可操控性应计利润 [J]. 审计研究,2008 (1):61-66.

[41] 宋衍蘅. 审计风险、审计定价与相对谈判能力——以受监管部门处罚或调查的公司为例 [J]. 会计研究,2011 (2):79-84.

[42] 沈小燕,温国山. 会计师事务所规模、品牌声誉与审计收费溢价 [J]. 南通大学学报(社会科学版),2008 (9):119-121.

[43] 孙宝厚. 关于全面审计质量控制若干关键问题的思考 [J]. 审计研究,2008 (3):3-10.

[44] 孙永军,丁莉娜. 审计质量评价研究——基于中国100强的数据分析 [J]. 审计研究,2009 (6):47-52.

[45] 王晓珂,王艳艳,于李胜,赵玉萍,张震宇. 审计师个人经验与审计质量 [J]. 会计研究,2016 (9):75-81.

[46] 王咏梅,王鹏. "四大"与"非四大"审计质量市场认同度的差异性研究 [J]. 审计研究,2006 (5):49-56.

[47] 王兵,辛清泉,杨德明. 审计师声誉影响股票定价吗——来自 IPO 定价市场化的证据 [J]. 会计研究,2009 (11):73-82.

[48] 王恩山. 审计师声誉与新股发行抑价——来自中国资本市场的最新证据 [J]. 兰州商学院学报,2010 (5):42-48.

[49] 王帆,张龙平. 审计师声誉研究:述评与展望 [J]. 会计研究,2012 (11):74-78.

[50] 王士红. 人力资本与经济增长关系研究新进展 [J]. 经济学动态,2017 (8):124-134.

[51] 王艳艳,陈汉文. 审计质量与会计信息透明度——来自中国上市公司的经验证据 [J]. 会计研究,2006 (4):9-15.

[52] 武恒光,郑方松. 审计质量、社会信任和并购支付方式 [J]. 审计研究,2017 (3):82-89.

[53] 魏明海,陈胜蓝,黎文靖. 投资者保护研究综述:财务会计信息的作用 [J]. 中国会计评论,2007 (5):131-150.

[54] 吴联生,刘慧龙. 中国审计实证研究:1997-2007 [J]. 审计研究,2008 (2):36-46.

[55] 吴昊旻, 吴春贤, 杨兴全. 惩戒风险、事务所规模与审计质量——来自中国审计市场的经验证据 [J]. 审计研究, 2015 (1): 75-83.

[56] 肖小凤, 王建成. 审计声誉的市场条件与经济效应分析 [J]. 求索, 2010 (9): 43-44.

[57] 许钊, 张立民. 审计师声誉作用机制研究——从审计需求的视角出发 [J]. 北京交通大学学报 (社会科学版), 2016 (2): 71-79.

[58] 徐建新, 余坚. 论审计质量衡量标准体系的构建 [J]. 审计与经济研究, 2001 (1): 20-23.

[59] 薛爽, 叶飞腾, 付迟. 行业专长、审计任期和审计质量——基于签字会计师水平的分析 [J]. 中国会计与财务研究, 2012 (3): 109-133.

[60] 辛清泉, 王兵. 交叉上市、国际四大与会计盈余质量化 [J]. 经济科学, 2010 (4): 96-109.

[61] 闫焕民, 刘宁, 陈小林. 事务所转制是否影响审计定价策略——来自中国上市公司的经验证据 [J]. 审计研究, 2015 (5): 93-101.

[62] 叶凡, 方卉, 于东, 刘峰. 审计师规模与审计质量: 声誉视角 [J]. 会计研究, 2017 (3): 75-81.

[63] 余玉苗, 高燕燕. 低质量审计是审计师个人特质导致的特例吗?——基于"污点"签字注册会计师的研究 [J]. 审计与经济研究, 2016 (4): 30-39.

[64] 余津津. 国外声誉理论研究综述 [J]. 经济纵横, 2003 (10): 60-63.

[65] 叶琼燕, 于忠泊. 审计师个人特征与审计质量 [J]. 山西财经大学学报, 2011 (2): 117-124.

[66] 查道林, 费娟英. 独立审计声誉机制研究 [J]. 审计研究, 2004 (5): 68-72.

[67] 赵艳秉, 张龙平. 审计质量度量方法的比较与选择——基于中国A股市场的实证检验 [J]. 经济管理, 2017 (5): 146-157.

[68] 郑莉莉, 郑建明. 制度环境、审计声誉机制与收费溢价 [J].

审计研究，2017（5）：78-86.

［69］朱红军，何贤杰，孙跃，吕伟. 市场在关注审计师的职业声誉吗——基于"科龙电器事件"的经验与启示［J］. 审计研究，2008（4）：44-52.

［70］张宏亮，文挺. 审计质量替代指标有效性检验与筛选［J］. 审计研究，2016（4）：67-75.

［71］张健，魏春燕. 法律风险、执业经验与审计质量［J］. 审计研究，2016（1）：85-93.

［72］张奇峰. 政府管制提高会计师事务所声誉吗？——来自中国证券市场的经验证据［J］. 管理世界，2005（12）：14-23.

［73］张兆国，吴伟荣，陈雪芩. 签字注册会计师背景特征影响审计质量研究——来自中国上市公司经验证据［J］. 中国软科学，2014（11）：95-104.

［74］Allen, A. C. and A. M. Woodland. Education Requirements, Audit Fees, and Audit Quality［J］. Auditing: A Journal of Practice & Theory, 2010, 29（2）：122-128.

［75］Alissa, W., V. Capkun, T. Jean&N. Suca. An Empirical Investigation of the Impact of Audit and Audit Characteristics on Auditor Performance［J］. Accounting Organizations and Society, 2014, 39（1）：495-510.

［76］Andrei Shleifer, Daniel Wolfenzon. Investor Protection and Equity Markets［J］. Journal of Financial Economics, 2000, 34（10）：3-27.

［77］Anwer, S. Ahmed, Scott Duellman, Ahmed Abdel-Meguid. Auditor Independence and Client Importance: Does Monitoring by the Board or Institutional Shareholders Mitigate the Effects of Client Importance?［J］. Working Paper, 2006（10）：135-148.

［78］Arrow K. J. The Limits of Organization［M］. New York, USA: Norton, 1974：123-136.

［79］Autore, D. M., Billingsley, R. S., Schneller, M. I. Information Uncertainty and Auditor Reputation［J］. Journal of Banking & Finance, 2009, 33（2）：183-192.

［80］Balvers, R., McDonald, B., Miller, R. Underpricing of New Issues and the Choice of Auditor as a Signal of Investment Banker Reputation [J]. The Accounting Review, 1988 (63): 605 – 622.

[81] Becker, C. L., DeFond, M. L., Jiambalvo, J., Subramanyam, K. R. The Effect of Audit Quality on Earnings Management [J]. Contemporary Accounting Research, 1998 (15): 1 – 24.

[82] Banker. Rajiv D, Hsihui Changand Reba Cunningham. The Public Accounting Industry Production Function [J]. Journal of Accounting and Economics, 2003, 35 (2): 255 – 281.

[83] Balsam, S. KShnan, J. Yang, J. Auditor Industrys Pecialization and Earnings Quality [J]. Auditing: A Joumal of Practice and Theory, 2003, 22 (9): 71 – 97.

[84] Bartov, E., F. A. Gul, and J. S. L. Tusi. Accountant's Integrity and Financial Reproting [J]. Diseretiona Accruals Modelsand Audit, 2001, (5): 24 – 31.

[85] Bauwhede, H. V, Willekens, M., Gaeremynck. Audit Firm Size, Public Ownership, and Firms' Diseretionary Accrual Management [J]. The International Journal of Accounting, 2003 (1): 43 – 52.

[86] Benston, G. J. Accountant's Integrity and Financial Reproting [J]. Financial Executive, 2005 (8): 10 – 14.

[87] Becker C., M. Defond J. Jiambalvoand K. R. Subramanyam. The Effect of Audit Quality on Earning Management [J]. Contemporary Accounting Research, 1998 (5): 162 – 198.

[88] Biddle. G. C., Hilary, G., Verdi, R. S. How doesFinancial Reporting Quality Relate to Investment Efficiency? [J]. Journal of Accounting and Economics, 2009, 48 (2): 112 – 131.

[89] Brian W. Mayhew. Auditor Reputation Building [J]. Journal of Accounting Research, 2001, 39 (3): 599 – 617.

[90] Cahan, S. F., J. Sun. The Effect of Audit Experienceon Audit Fees and Audit Quality [J]. Journal of Accounting, Auditing & Finance, 2015, 30 (1): 78 – 100.

[91] Choi, J. Kim. j. B., X. H. Liu and Simunic. Audit Pricing, Legal Li-

ability Regimes, and BigPremiums: Theory and Cross - country Evidence [J]. Contemporary Accounting Research, 2008, 125 (1): 55 - 99.

[92] Chang, Haihui, Jengfang Chen, Rong - Ruey Duh, and Shu - Hsing Li. Productivity Growth in the Public Accounting Industry [J]. Journal of Accounting Research, 2011 (10): 97 - 110.

[93] Craswell A T, Francis J R, Taylor S L. Auditor Brand Name Reputations and Industry Specializations [J]. Journal of Accounting and Economics, 1998 (20): 297 - 322.

[94] Cheng, Yu - Shu, Yi - Pei Liu, Chu - Yang Chien. The Association between Auditor Quality and Human Capital [J]. Managerial Auditing Journal, 2009 (6): 523 - 541.

[95] Datar, S. M., G. A. Feltham, J. S. Hughes. The Role of Audits and Audit Quality in Valuing New Issues [J]. Journal of Accounting and Economics, 1991, 14 (1): 3 - 49.

[96] Dechow, P, R. Sloan, A. Sweeney. Detecting Earning Management [J]. The Accounting Review, 1995 (7): 193 - 225.

[97] Defond M, Zhang J. A Review of Archival Auditing Research [J]. Journal of Accounting and Economics, 2014, 58 (3): 275 - 326.

[98] De Angelo, L, E. Audit Size and Audit Quality [J]. Journal of Accounting and Economics, 1981 (3): 183 - 199.

[99] Douglas J. Skinner, Suraj Srinivasan. Audit Quality and Auditor Reputation [J]. Evidence from Japan Working Paper, 2010 (5): 105 - 113.

[100] Francis J R, Pinnuck M L, Watanabe O. Auditor Style and Financial Statement Comparability [J]. The Accounting Review, 2014, 89 (2): 605 - 633.

[101] Francis, J. A Framework for Understandimg and Researching Audit Quality [J]. Auditing: A Journal of Practice and Theory, 2011, 30 (2): 125 - 152.

[102] Franz, Diana R., Crawford, Dean, Johnson, Eric N. The Impact of Litigation Against an Audit Firm on the Market Value of Nonlitigating Clients [J]. Journal of Accounting, Auditing & Finance, 2008 (2): 117 - 134.

[103] Ferguson, Andrew C.; Francis, JereR., Stokes, Donald J. What Matters in Audit Pricing: Industry Specialization or Overall Market Leadership? [J]. Accounting & Finance, 2006 (1): 97 – 106.

[104] Francis, Jere R.; Dechun Wang. The Joint Effect of Investor Protection and Big 4 Audits on Earnings Quality Around the World [J]. Contemporary Accounting Research, 2008 (25): 157 – 191.

[105] Gilles Hilary, Clive Lennox. The Credibility of Self – Regulation: Evidence from the Accounting Profession's Peer Review Program [J]. Journal of Accounting and Economics. 2005 (40): 211 – 229.

[106] Gao. Public Accounting Firms, Required Study on the Potential Effects of Mandatory Audit Firm Rotation [R]. 2003 (2): 85 – 96.

[107] Gramling, A. A. and D. N. Stone. Audit Firm Industry Expertise: A Review and Synthesis of the Archival Literature [J]. Journal of Accounting Literature, 2001 (20): 1 – 29.

[108] Greg Shaile, Lorne Cumming, Eroni Vatuloka & StephenWelch. Discretionary Pricing in a Monopolistic Audit Market [J]. International Journal of Auditing, 2004 (8): 263 – 277.

[109] Gul, F. A., D. H. Wu&Z. F. Yang. Do Individual Auditors Affect Audit Quality? Evidence from Archival Data [J]. The Accounting Review, 2013, 88 (6): 1993 – 2023.

[110] He X J, Pittman J, Rui O M. Reputational Implications for Partners after A Major Audit Failure: Evidence from China [J]. Journal of Business Ethics, 2015, 138 (4): 703 – 722.

[111] Invancevich, S. & Zardkoobi. An Exploratory Analysis of the Accounting Firm Merger [J]. Accounting Horizons, 2000, 14 (4): 136 – 155.

[112] Jean C Bedard, and Karla M Johnstone. Earnings Manipulation Risk, Corporate Governance Risk, and Auditors' Planning and Pricing Decisions [J]. The Accounting Review, 2004 (4): 277 – 304.

[113] Jere R. Francis, Kenneth. Francis, Dechun Wang. The Pricing of National and City – Specific Reputations for Industry Expertise in the U. S. Audit Market [J]. The Accounting Review, 2005, 80 (1): 113 – 136.

［114］Joseph Weber, Michael Willen Borg, Jieying Zhang. Does Auditor Reputation Matter? The case of KPMG Germany and ComROAD AG ［J］. Journal of Accounting Research, 2008, 46（4）: 941－972.

［115］Ilias G. Basioudis, Jere R. Francis. Big 4 Audit Fee Premiums for National and Office－Level Industry Leadership in the United Kingdom ［J］. Auditing: A Journal of Practice and Theory, 2007（26）: 143－166.

［116］Karen K. Nelson, Richard A. Price, Brian R. Rooftree. The Market Reaction to Arthur Andersen's Shredding of Documents: Loss of Reputation or Confounding Effects? ［J］. Journal of Accounting andEconomics, 2008, 46（2）: 279－293.

［117］Ke B, Lennox C S, Xin Q. The Effect of China's Weak Institutional Environment on the Quality of Big 4 Audits ［J］. The Accounting Review, 2015, 90（4）: 1591－1619.

［118］Kim, J. B., Simunic, D. A., Stein, M. T. Voluntary Audits and the Cost of Debt Capital for Privately Held Firms: Korean Evidence ［J］. Contemporary Accounting Research, 2011, 28（2）: 585－615.

［119］Kim J. B., Lee J. J., Park J. C. Audit Quality and the Market Value of Cash Holdings: The Case of Office－level Auditor Industry Specialization ［J］. Auditing: A Journal of Practice & Theory, 2014, 34（2）: 27－57.

［120］Kanagaretnam, K., Lim, C. Y., Lobo, G. J. Auditor Reputation and Earnings Management: International Evidence from the Banking Industry ［J］. Journal of Banking & Finance, 2010, （10）: 2318－2327.

［121］Knechel W R, Vanstraelen A, Zerni M. Does the Identity of Engagement Partners Matter? An Analysis of Audit Partner Reporting Decisions ［J］. Contemporary Accounting Research, 2015, 32（4）: 1443－1478.

［122］Lennox C S, Wu X, Zhang T. Does Mandatory Rotation of Audit Partners Improve Audit Quality? ［J］. The Accounting Review, 2014, 89（5）: 1775－1803.

［123］Menon K, Williams D. Invetor Reacton to Going Concern Audit Reports ［J］. Accounting Review, 2010（6）: 2075－2105.

［124］Morck R, Shleifer A, Vishny R. Do Managerial Objectives Drive

Bad Acquisitions? [J]. Journal of Finance, 1990 (1): 31-48.

[125] Myers, S. C, Majluf N. Corporate Financing and Investment Decisions When Firms Have Information That Investors Do not Have [J]. Journal of Financial Economics, 1984 (13): 187-222.

[126] Murthy, U. Kerr, D.. Comparing Audit Team Effectiveness Via Alternative Modes of Computer Mediated Communication [J]. Auditing: A Journal of Practice and Theory, 2004 (1): 123-130.

[127] NhaPaiet, J. nad Ghoshal. Social Cpaital, International Capital and The Ogrnaization Advantage [J]. International Journal of Technology Mnagaement, 2010 (2): 242-266.

[128] Numata, S., Takeda, F. Stock Market Reactions to Audit Failure in Japan: The Case of Kanebo and Chuo Aoyama [J]. The International Journal of Accounting, 2010 (2): 175-199.

[129] Niek Boniis. National International Capital Index [J]. Journal of International Capital, 2002 (20): 75-82.

[130] Paul K. Chaney, Kirk L. Philipich Shredded Reputation: The Cost of Audit Failure [J]. Journal of Accounting Research, 2002, 40 (4): 1221-1245.

[131] Pennings, J. M., Lee, K., Witteloostuijn, A. V. Human Capital, Social Capital [J]. and Firm Dissolution. Academy of Management Journal, 1998 (4): 58-66.

[132] Pittman, J. A., Fortin, S. The Impact of Auditor's Reputation on the Cost of Financing [J]. Journal of Accounting and Economics, 2004, 37 (1): 113-136.

[133] Roger D. Huang, Hang Li. Does the Market Dole Out Collective Punishment? An Empirical Analysis of Industry, Geography and Arthur Andersen's Reputation [J]. Journal of Banking & Finance, 2009, 33 (7): 1255-1265.

[134] Seleim, Ahmed, Ashour and Nick Bontis. Human Capital and Organizational Performance: A Study of Egyptian Software Companies [J]. Management Decision, 2007 (4): 88-95.

[135] Seetharaman, A., F. A. Gul, and S. G. Lynn. Litigation Risk and Audit Fees: Evidence from UK Timis Cross – listed on US Markets [J]. Journal of Accounting and Economics, 2002, 33 (1): 91 – 115.

[136] Shingo Numata, Fumiko Takeda. Stock Market Reactionsto Audit Failure in Japan: The Case of Kanebo and Chuo Aoyama [J]. The International Journal of Accounting, 2010, 45 (2): 175 – 199.

[137] Skinner D J, Srinivasan S. Audit Quality and Auditor Reputation: Evidence from Japan [J]. The Accounting Review, 2012 (5): 87 – 96.

[138] Spence, M. Job Market Signaling [J]. Quarterly Journal of Economics, 2011 (87): 355 – 374.

[139] Srinivasan Krishnamurthy, Jian Zhou, Nan Zhou. Auditor Reputation, Auditor Independence, and the Stock Market Impact of Andersen's Indictmenton Its Client Firms [J]. Contemporary Accounting Research, 2006, 23 (2): 465 – 490.

[140] Steven F. Cahan, David Emanuel, Jerry Sun. Arethe Reputations of the Large Accounting Firms Really International? Evidence from the Andersen Enron Affair [J]. Auditing: AJournal of Practice&Theory, 2009, 28 (2): 199 – 226.

[141] Taylor, S. D. Does Audit Fee Homogeneity Exist: Premiums and Discounts Attributable to Individual Partner [J]. Auditing: A Journal of Practice&Theory, 2011, 30 (4): 249 – 272.

[142] Wang Y, Yu L, Zhao Y. The Association Between Audit – partner Quality and Engagement Quality: Evidence from Financial Report Misstatements [J]. Auditing: A Journal of Practice&Theory, 2015, 34 (3): 81 – 111.

[143] Wallace, W. A. The Economic Role of the Audit in Free and Regulated Markets: A Review [J]. Research in Accounting Regulation, 2007 (1): 7 – 34.

[144] Wilson and Grimlund. An Examination of the Importance of an Auditor's Importance Auditing [J]. A Journal of Practice and Theory, 2010 (9): 43 – 59.

[145] Yu – Shu Cheng Yi – Pei Liu. The Association between Auditor Quali-

ty and Human Capital [J]. Managerial Auditing Journal, 2000 (4): 134 – 141.

[146] Ye, K., R. Yuan, Y. Cheng. Auditor Experiences, Accounting Firm Size, and Client Owenership [J]. Frontiers of Business Research in China, 2014, 10 (2): 206 – 226.

后　　记

　　本书付梓之际，忽觉时光飞逝，感慨良多。求学路上点点滴滴，历历在目，百感交集。虽一路艰难走来，只为不留遗憾，实现心中所愿，此刻唯有心存感激之情，夫复何求？

　　感谢我的导师蒋尧明教授。感谢导师在学术道路上对我的指引和教诲，更感谢导师诲人不倦的为师风格，这些都坚定了我进行学习和科研的信心。博士学习期间，导师多次给予我学习和科研方面的指导，引领我开阔学术视野，寻找学科领域值得深入挖掘和探讨的方向。特别是在我论文的选题与写作工作中，大到选题的确定、研究设计、结构体系的安排，小到语言、用词、格式规范问题等，都离不开导师辛勤的付出。蒋老师严谨的治学风格、一丝不苟的科研态度以及平易近人、谦虚和蔼的人格魅力，都是我学习的方向和目标，让我受益终生。师恩难忘，片纸难陈，唯有更加努力、勤奋，才能回报恩师的谆谆教诲和无私相助。

　　感谢会计学院张蕊教授、章卫东教授、谢盛纹教授、刘骏教授、廖义刚教授、曹玉珊教授、彭晓洁教授、邹玲教授、荣莉教授等在我写作过程中提出的许多中肯和宝贵的建议。他们在关键问题上的点拨为我顺利完成本书提供了莫大的帮助。同时，他们严谨的治学态度和学术造诣，更是让我终身受益。同时，还要感谢周贵文与查丽曼两位老师在论文开题、答辩和平日各种大、小事务工作中付出的辛勤劳动。在此，一并送上我的衷心祝福，愿各位老师工作顺利、幸福安康！

　　感谢同窗好友毛剑峰、闫焕民、成志策、冯倩在求学路上的帮助与扶持。求学期间每次学术上与他们的交流，都令我颇受启迪、获益良多。争学问于学堂，赏风光于田野，同窗几载留下难忘回忆。

　　最后，感谢我的父母和爱人对我的支持与包容，感谢我的孩子在我写作之时对他无暇顾及给予的理解。你们的关心与支持才能让我坚持自己的追求，顺利完成学业，实现心中的愿望。

  博士学习阶段的结束，需要感谢的人还有很多，无法逐一表达我的谢意。在此，对所有给予过关心和帮助的亲人、老师、朋友和同学们表达我真诚的谢意！我将在今后的工作和生活中以加倍的努力来予以回报。我将带着感恩之心以及对未来美好的希冀，更加坚定、乐观地向着下一段征程进发！